一切与露营无关

U0165287

胡小飞　著

电子工业出版社

Publishing House of Electronics Industry

北京·BEIJING

献给我的父亲、母亲，是你们让我始终对生活保有好奇心。

前 言 PREFACE

大学毕业后我直接进入电台做了 DJ，一口气主持了 12 年广播节目，虽然很幸运地炮制出了一档《飞鱼秀》并深受大家的喜爱，却也将自己禁锢在了直播间。做节目让我顺理成章地接触到很多有趣的人和有趣的领域，但是想要真正开始研究这些领域的时候却产生了一种无力感，除了深感自己的眼界和知识有限，也开始审视这种早已习惯的稳定生活状态。直播节目主持人过的是一种"双规"生活，每天都要在规定时间和规定地点做节目。虽然下了节目就"放飞"，可是又不能走得太远。时间久了逐渐发现，每天都跟大家分享，早就没有什么可分享的了！我需要充电，需要认真生活，需要去研究一些新的东西了。

2016 年我从电台辞职，之后策划了一档到处逛集市和中古店铺的视频节目《飞买不可》，机缘巧合还真的上线播出了。这个节目让我可以不用背负着"不务正业"的名声，却能到世界各地逛和吃。随着造访的地方越来越多，我渐渐产生了一个疑惑，为什么外国人总喜欢在户外待着？餐馆或咖啡馆外面总是一座难求，而屋里只有寥寥几个客人。哪怕天气寒冷，酒吧室外的位置依旧抢手，人们甚至会裹着毯子，手捧着冰凉的啤酒坐在篝火旁聊天。

到底是外国人喜欢"自虐"还是户外真的有什么魔力？后来我们也学着当地人的样子抢占户外座位，住在可以 BBQ 烧烤的民宿或小木屋里，然后，就有点上头了……

2017 年，我频繁地和家人、朋友到郊外去野餐，这个爱好在一年后正式转成了露营，因为要想在北京周边找到适合野餐的环境经常要开很久的车，考虑到花在交通上的时间成本过高，当日往返的活动就不太划算了。正好在这个时期我收藏了很多日本杂志，里面总有一些关于露营的内容，于是就买了一些装备去体验了一下，结果一发不可收拾。某一天突然想到当初的疑问，心中已经有了答案，而这种感觉如果不亲身体会很难理解。2019年，我开始跟几个朋友尝试着组织开放式的露营活动，每年一到两次，最多达到了万人规模。

经常在面对媒体采访时要回答这样的问题：能不能对没有露营过的朋友简单讲一讲露营怎么玩？需要做哪些方面的准备工作？

每当面对这种问题我都不知该从哪儿开始回答，因为露营所需基本都来自生活，简单地说就是衣食住行、春夏秋冬，稍微展开点谈估计都能有一本书的篇幅了。

那就写本书吧。正好写书也是我一直想做的事情，只是一直没有想好主题。

从另一方面讲，露营让我感受到了远离手机等电子产品的益处，因此，相对电子媒体，我更希望这些内容最终能以一本书的形态呈现出来，大家想起来随时翻阅几篇，搞不好真能获得一些关于生活的灵感。

自 序 PREFACE

2019 年，我和几个朋友成立了一个工作小组，我们组织了几场非常棒的露营活动。起初我们给团队起名叫作 Terri，是因为 terrible（糟糕的）和 terrific（美妙的）这两个意思相反的英文词汇中都含有 t、e、r、r、i 这几个字母。其实无论露营还是人生，都是一件既 terrible 又 terrific 的事情，最终通过我们的努力将其变成一种 terribly terrific experience（非常美妙的体验）！

所以对我来说，露营从一开始就不是简单地"买买买"或者拥抱大自然，而是寻找更加完整的人生体验。

劳动最光荣

露营让人在城市以外的那一部分价值得到体现。生活在都市中久了，人渐渐地会觉得自己很无用——除了工作，好像什么都不会。这或许只是一种错觉，却让人深陷其中，很难振作起来。

置身于户外，劈柴、生火、支帐篷、做饭、煮咖啡、采集野味、寻找水源……尝试干这些粗活儿，反而让人觉得放松、愉悦、充实，甚至觉得自己很强大、很有用。

或许数百万年的进化让人类对脚踩大地的劳作有一种本能的认同感，而当劳作不再出于生活所迫时，它便成了一种乐趣，这种触及身心灵层面的"充电"，有时候甚至不亚于运动和心理疏导。

让人与人之间重新构建起面对面的联系

人本来是社会性动物，而互联网和移动终端让人自以为与世界连接，却被囚禁在孤岛。

你或许早已在朝九晚五的生活节奏下适了与自己独处的方式，然而当你真正融入一群人的时候，你会发现心底深藏已久的那部分灵魂苏醒了。就好像一旦站起来了，才会发现刚刚蹲着有多么难受。

回归野外是种很奢侈的行为

对都市人来说，野外是新鲜的、充满刺激的，也是无比广阔的。于是，去野外本身就成了一种奢侈体验，因为它是与都市生活截然不同的一种存在，也正是我们生活中缺失的。

想象一下，当人们走出都市，感受这份大自然赋予的奢侈时，依然可以享受到现煮的咖啡、美味的食物、音乐、电影以及人与人之间的交流与陪伴。当美景成了这些事物的背景时，世界完整了。

器物之美不只在于器物本身

我愿回归野外，却不愿再做回野人，于是器物成了帮助现代人融入自然的桥梁。想在欣赏美景的同时享受和在都市中同等或者更高的生活品质，没有那些适合的器物是万万不行的。

好看、顺手、耐用、方便携带，还要具备一种都市生活所缺失的粗犷美。每一件优秀的户外装备都是充满智慧的设计作品，体现着人们对生活的热爱。无论是创造、寻找还是使用，它们都令人着迷。

爱都市，也爱野外

我不想做鲁滨孙，他是因为天灾人祸被迫于荒野中求生的。我们也不是在效仿《瓦尔登湖》一书中的梭罗或者电影《小森林》中的市子，他们都是因为无法认同都市的价值观才"逃离"出去的。我只是希望在有生之年，既能享受城市的便捷，也能拥有大自然的馈赠，在现代文明与荒野间找到生活的平衡点。

目 录 CONTENTS

3 器物与户外生活

4 露营风格

1

我们的生活中
缺失了什么

我们都是"工具人"

快即是正义

"快"似乎是现代社会标志性特点之一。高速公路、高铁、快递、光纤、毕业就创业、30 岁财务自由……从这些生活中时常出现的词句中不难发现，"快"早已被囊括进现代社会的价值观，成了某种前提、某种社会默认的条件。

既然快才是正当合理的，便没人敢慢下来，忙忙碌碌也就成了人们的日常状态。就算你并不真的很忙，也要故作忙碌的样子，别人都在水里拼命往前游，你即使在洗澡也得装作奋力地扑腾点水花出来。小时候听老师说过，某些同学没事总坐在那儿，捧着本书，脑子却不知道在想什么，与其这样不如痛痛快快出去玩一下。

这种假装出来的勤奋是做给别人看的，也是给自己看的。面对家长的期待、考试、升学这些无形的压力，我们很难痛快地玩耍，折中的方案就是：打开书本，然后灵魂出窍……

长大以后，我们似乎也把"折中"当成了习惯。那些买了却只看了开头的书，那些订阅了却来不及学习的知识付费课，那些充了值却没用过几次的健身卡，它们的意义其实在你购买的那一瞬间已经实现了。

看似水花四溅，其实原地没动。

手艺、乐趣与传承

相信很多人脑海中都有跟着父亲去钓鱼的美好记忆，其实不只是钓鱼，小时候觉得父母是万能的，因为爸爸会补胎、会维修家电、会做烟囱、会制作各种玩具；妈妈会织围巾、会剪裁衣服、会把家里收拾得整整齐齐，还能把一切食材变成美味。

他们也时常会带着我去做这些事情，这个传承的过程本身就是非常好的亲子互动，给我留下了很多充满温情的回忆。如今的父母为孩子做得最多的事就是付钱，就连孩子的兴趣也要靠付费让别人来培养。

英剧《黑镜》中有一集讲述了未来世界的景象：每个人都生活在一个由电子屏幕墙环绕成的小隔间里，人们每天只需通过骑一辆动感单车来换取积分，生活所需全都用积分来兑换，人们几乎每时每刻都在跟四周的大屏幕互动：社交、娱乐节目、广告、购物……这个荒诞的剧情其实正是对如今生活的映射。

生而为人，却变成了工具的我们，到底还能传承给孩子们什么呢？

"工具人"是怎样炼成的

社会的发展、分工的不断细化让我们与传统的生活样貌脱节，城市生活在给予我们便捷舒适的同时是否也剥夺了我们的一部分价值？每个人都不可避免地变成了一部巨大机器上的零部件，你只需完成这个零件的价值就好，其他需求完全可以依靠购买来实现。

我一直觉得社会是个"活的东西"，像一部巨大且无形的机器。它不但有自己的意识，而且它的意识连接着每个人的意识。它要成长、变得强大的时候就不断通过各种方式告诉你要忙碌、要创造价值、要消费，然后继续忙碌……

于是大家把更多的精力花在了体现社会价值的部分。人们潜移默化地把事情分成有用的和无用的。社会发展需要成功者，成功往往是通过学历、薪水、存款、职位、房产、流量、豪车来衡量的。为了这些成就，很多人忽略了家人、爱好、梦想、健康，忽略了那些难以量化却无比珍贵的东西，渐渐远离自然和生活，沦为了"工具人"。

都市生活

人类虽然来自野外，却早已对这个真正的"故乡"陌生起来。原本作为自然人的技能与价值也逐渐退化了，因为你再也不需要生火取暖，不需要自己动手搭建房屋、制作家具，更不需要出门狩猎或种植庄稼来获得食物。你甚至不需要做家务和亲自下厨，因为只要花钱就有人帮你搞定这一切。

然而讽刺的是，人们把自己辛辛苦苦赚钱换来的宝贵时间转手就浪费在了刷手机上，挥霍在了各种社交媒体、网络游戏和无意义的社交上。

恐怕身边越来越多的人选择单身生活也是基于上述原因。没有时间和精力谈恋爱，似乎也没有必要跟其他人合伙来过日子。只要有钱，城市中就有他们需要的一切。

如此完美，可人们为什么还会焦虑？

"再野生化"（Rewilding）

我们的身心需要大自然的抚慰，正如孩童的啼哭并不是每次都能用食物来安抚，有时候他需要的是母亲的怀抱。这些人类通过几百万年进化留在基因中的东西并不是舒适惬意的沙发、外卖、空调房或者互联网就能轻易满足的。

我们并不是因为厌倦了都市才想往野外跑，而是单纯的需求，就好像吃蔬菜并不是因为吃腻了肉。平衡是一种微妙的状态，为了达到平衡，都市人开始重新探索野外，欧美人称其为 Rewilding（再野生化）。

野外是个巨大的宝库，是游乐场，也是迄今为止涉及学科和知识量最庞大的一所学校。人类在与自然相处和斗争的过程中获得了许多技能与智慧，而这一部分是"工具人"集体缺失的。

拿露营来说，从选营地、搬运物资，到砍柴、生火、提水、做饭、搭建、收纳、存放、修补……荒野生活十分不易，这些技能和知识对我们的祖先来说是代代相传的基本技能，到了我们这一代社会分工更为细化，竞争更加激烈，生活条件也更加优越，很多宝贵的东西就此"失传"了，因为似乎不需要再掌握了。

然而我依然记得当我第一次依靠自己生起了一堆柴火之后的那种兴奋感，仿佛那一刻身体里面某些东西苏醒了。

盲人摸象

如果我们把工作以外的时间叫作生活，那么生活可能是每个人生命中需要面对的最大课题，却没有哪所学校真正教过我们该如何生活，只能靠我们自己一点一点地摸索。

幸福美满的生活是每个人都在说却没有人为你具体描述出来的彼岸。但如果你对苦苦寻找的东西连样子都不知道，真的能找到吗？

我们一边不停忙碌一边憧憬美好生活的样子不正跟小时候摊开书本却灵魂出窍的状态如出一辙吗？

我十分认同"一万小时定律①"。假设把生活也看作一个领域，一门学科，一类艺术，一种能力，它同样需要经过长久的训练才会熟能生巧。

如果说生活就如同盲人摸象，那不如早点开始摸，认真地摸。

---

①一万小时定律：作家格拉德威尔在《异类》一书中指出的定律。"人们眼中的天才之所以卓越非凡，并非天资超人一等，而是付出了持续不断的努力。一万小时的锤炼是任何人从平凡变成世界级大师的必要条件。"

生活作风

Lifestyle 在国内被普遍翻译成生活方式，也有人称其为生活风格。但我始终认为这个词最贴切的中文表达是生活作风。

在物质贫乏的年代，人们需要保留个性强调共性，个人的物欲和享受被压制。而在物质丰富的年代，消费和舒适的生活是在潜移默化中被鼓励的，社会生产了大量的物质和精神产品等着大家去购买。

过去鼓励生产，目的是让全国人民吃饱饭。现在鼓励消费，目的是把过剩的商品卖掉。过去认为玩物丧志、浪费可耻。如今讲究生活风格，提倡消费升级。唯一的问题是一切来得太快，很多人都还没有学会享受生活，就已经把钱花掉了。

生活开始于不再做旁观者的那一刻

时光这个东西，让很多有志青年都莫名其妙地变成了"盘"核桃的大叔。

其实人就像核桃，被现实活生生"盘"了几十年，包浆厚到水火不侵，外表无比圆滑，但是内心早已干枯缩水，失去了生命力。当一个人渐渐被现实磨砺得失去棱角，同时失去的还有对这个世界的好奇与向往。以前不了解的领域现在更不会主动去探究了，以前曲解的道理恐怕也没有机会去纠正了，在为人处世越来越"油腻"的同时内心逐渐变得顽固守旧。

这种状态更像火锅，当内心不再沸腾，表面会逐渐形成一层厚厚的油壳，或许这就是为什么中年人经常会和"油腻"这个词画等号的原因吧。

当你习惯了用不喜欢、没意思来表达态度的时候；当你一边刷着手机却鼓励孩子多读书的时候；当你总在感叹别人的生活是诗和远方，而自己却很久没有尝试新鲜事物的时候；当你习惯了抱怨现状却不愿意做出改变的时候，你作为油腻的中年人已经算是"实锤"了。不知不觉中你在自己的周围建了一面墙，把不懂的、不认可的、不知道的以及得不到的全都隔在了墙外。

有句话我很喜欢：

Life begins at the end of your comfort zone

（生活始于走出你的舒适区）。

露营 2.0 时代

我接触露营很早，但是接受得较晚，简单来说因为户外不是我的舒适区，但是来得早不如来得巧，正好让我见证了露营在中国的发展。近几年，露营在中国呈爆发式流行，我想这或许是因为城市化发展到了一定程度，人们不满足于现状，集体去寻找和重新定义生活的一种表现。

起初，glamping 被媒体翻译成奢华露营，这是一种直白的翻译，因为 glamping 这个词本来就是 glamorous（奢华）和 camping（露营）组合而成的再造词。随着这种玩法的群体在中国不断扩大，一部分玩家开始戏称它为"搬家式露营"，随后社会上又有了精致露营和风格露营等叫法。

其实每一种叫法都各有侧重，体现了玩家不同的理解和角度，或许把它们综合在一起才更为准确。而我更倾向称其为第二波露营潮。

/ 一切与露营无关 /

第一波：运动式露营

中国第一波露营风潮大约始于 2000 年，关键词：登山、徒步、野战、彩色冲锋衣、红蓝色小帐篷、背包客、始祖鸟、三夫户外，以及各种户外俱乐部等。

这一波风潮强调运动、挑战、机能和实用性。设计风格偏重色彩艳丽的户外产品虽然被后来的人们所不喜，但是符合当初的场景和需求。由于那时大家通常都是背包去挑战荒山野岭，冲锋衣和帐篷有着与自然界对比强烈的颜色便于危险时进行搜救，也便于人员之间互相辨识。露营食物大多强调便携性和操作简单，如压缩饼干、方便面、火腿肠、能量棒、冻干蔬菜、功能饮料、速溶咖啡等。

第二波：休闲式露营

2020 年，中国露营人群和户外产业呈现爆发性的成长，有媒体甚至称 2020 年为中国露营元年。

此波浪潮与上一波没有什么真正的传承关系，此时在形式上更多受到了日本露营文化的启发，是将露营与生活方式深度结合的一种玩法，更强调休闲、品质、个性、多样和设计。

此次风潮的重点不在于挑战自然和身体，而是融入自然，享受生活。人们更多涌向了营地而不是单纯的野外，因此不再需要冒险，就连服装和帐篷也变成了与自然十分亲和的大地色系等。

在装备方面，涌现出更多设计独特、制作精巧，并且能提升舒适性的露营装备，人们把自己的个性、审美和解决方案也带到了户外。

露营不只是睡帐篷，人们尝试在户外临时搭建的是一个完整的家居体系。由于所需的装备和物资众多，车辆是必须的露营伙伴，SUV、皮卡的车顶箱里满载着人们对户外生活的认知。因为选择太多，加上每个人的需求和喜好不同，人们的穿戴与各种装备均体现出了多种多样的视觉风格。

就连吃也不只是补充能量，露营时的"餐标"甚至普遍高于日常水准，不但要吃好，还要吃出仪式感。

要说这种玩法没有什么挑战性也不准确，谁敢说在户外凭空建个家，并且靠自己的力量舒舒服服地过几天没有挑战性？

其实露营怎么玩都可以，亲近户外、享受生活才是重点，没准过不了多久，第三波露营风潮又会以截然不同的形式来到我们身边。

2

露營美食：野炊
不只有羊肉串

有一个朋友立志成为家居博主，我开玩笑说不做饭的家居博主顶多算是家具博主。因为吃喝可是家里的头等大事。

我对露营的衡量标准也是如此，无论装备多么精致，连吃喝问题都没有好好解决的话就不算是完整的露营，甚至可以说是本末倒置的。

理论上讲在户外可以做出各种美味，但是有些制作太复杂或者需要特殊设备的料理可能不太适合露营。我心目中理想的户外料理是那些流程足够简单，即使在户外也能完美呈现，从味道上说又好吃到足以登上日常餐桌的料理。

这本书里的菜谱并不专业，但或许可以给你提供一种思路。

设计你的露营菜单

我的露营准备工作通常是从设计菜单开始的，露营吃什么、怎么吃，要根据实际条件来判断。

冬天露营由于环境温度太低不适合吃炒菜，因为出锅装盘的那一瞬间菜已经凉了。风大的时候不适合生篝火来烹饪，风会吹散热量影响烹饪效果，还会有引发火灾的风险。有的地方扔垃圾不方便，就不要吃那些会产生大量油汤类垃圾的食物。

总之，排除天气因素、环境因素、地方性法规等不可抗力，剩下的就是尽量创造条件满足自己的胃吧。

提前设计既好吃又易操作的食谱，首先要确认：

1. 打算住多久。
2. 露营地有无水源。
3. 露营地能否使用火，这会影响你的菜谱和烹饪方式。
4. 露营地周边能否购买到新鲜食材。
5. 考虑工作流程和工作量，对携带的物资进行分配。

从一杯好喝的咖啡说起

我想用咖啡开启户外烹饪这个话题。

户外环境下天气变化多端、物资有限，并且大部分情况下不能用电，因此无论做什么食物都要适当地调整制作方法和器具。比如日常生活中我每天都会用全自动或半自动的意式咖啡机来制作咖啡，但是无论体积、重量还是耗电功率，这些器具都不适合带出门，于是我就只能另外寻找适合户外的做法、器具甚至是风味。

不少人带着全套手冲咖啡器具，包括电子秤和温度计去露营，这些精致的设备摆放在小桌上非常好看，但是不得不说手冲咖啡并不太适合户外。单从性价比来看，携带一大包器具，一次却只能产出少量咖啡——有些不划算，毕竟人在户外的时候需要对收纳空间精打细算才行。其次，手冲咖啡对温度要求比较严格，而环境温度在户外很不可控。因此我觉得手冲咖啡在户外对拍照的贡献更大一些，除此之外解决的问题远不及制造的麻烦多。

咖啡本身是一个非常有包容性的领域，历史悠久，有很多种做法和口味。每个人都能根据场景、现有条件和自己的喜好选择适合的冲煮方式。如果以下几种咖啡做法能帮你展开户外烹饪的思路，那就太好了。

充满野性的牛仔咖啡

这是一种从咖啡豆的诞生地埃塞俄比亚一直到美国的狂野西部，沿用了上千年的经典咖啡制作方法。在精品咖啡概念诞生以前，人们一直使用这种方式萃取咖啡，味道可以非常难喝也可以非常好喝。

选取一把可以直接加热并且壶身比较高的壶，放在篝火或炉灶上加热至沸腾，加入研磨度极粗的咖啡粉，待再次沸腾时离火静置约两分钟，就可以饮用了。

看到这里很多人或许会有疑问，咖啡渣怎么过滤？制作牛仔咖啡一般是不会刻意过滤咖啡渣的，咖啡煮好后咖啡渣会沉淀到壶底，之所以使用壶身比较高的壶就是为了便于沉淀。传统的牛仔咖啡在离火静置两分钟后要倒入一杯凉水，据说可以加速咖啡渣沉淀。

"BC①"高手们一般都用比较矮的壶（因为更加便携），咖啡渣很难完全与咖啡液分离，因此他们通常会在壶嘴上插一把松枝来过滤咖啡渣。

① BC：BC 即 Bush Craft 的缩写，直译为丛林技能。指的是包含了一系列户外知识和技能的生活方式。BC 式露营主张不带太多装备，而是考验露营者的动手能力，用轻量的工具获得野外生活的乐趣。

/ 一切与露营无关 /

随时随地都能享用的挂耳咖啡

挂耳咖啡容易获取，极其便携，制作也很简单，只需向粉包内注入热水就可以了，一包差不多就是一杯的分量。只要有条件烧水，便可以随时随地制作。

露营过程中通常要从早忙到晚，我不想在咖啡制作上花太多的时间，有了挂耳包连磨豆子的工序都省了。

风雨无阻的渗滤式咖啡

渗滤式咖啡壶（percolator）早在 19 世纪就已经出现了，它是利用虹吸效应，通过加热让水不断流经粉仓，直至萃取浓度达到要求的一种萃取方式。这种做法几乎不受室外温度的影响，出品非常稳定，大号的咖啡壶一次可以做出 4 升左右的咖啡，足够十几个人喝了。

我经常使用的是一只中小号的咖啡壶，更加便携，即便如此也能满足 3~5 个人饮用。

比例：

50 克意式咖啡豆（极粗的研磨度），600 毫升水

做法：

将水注入壶中，烧开至冒小泡（约 90℃），将粉仓放入壶中，盖上盖子。通过盖子顶部的透明观察窗来判断里面的状态，看到喷水就开始计时，约 3 分半的时候关火，香浓的渗滤式咖啡就做好了，味道更接近美式滴滤咖啡。

/ 一切与露营无关 /

摩卡壶制作的传统意大利奶咖

摩卡壶有单阀和双阀两种款式。单阀摩卡壶制作的咖啡味道相对淡一些，没有油脂；双阀摩卡壶制作的接近意式浓缩咖啡，有油脂，口味相对浓郁一些。

我个人比较喜欢传统的摩卡壶奶咖。做法：预先将牛奶倒在摩卡壶的上壶，待咖啡液喷出后自动将牛奶加热并混合成奶咖。

法压壶制作的懒人咖啡

用法压壶制作咖啡的流程很简单：将磨好的咖啡粉放入壶中，倒入热水，盖上盖子静置两分钟，将滤网压下去就可以饮用了，快速、直接、好清洗！用法压壶还可以打奶泡，金属材质的法压壶还可以直接在热源上加热。

冷媒、清水、冰咖啡

户外保温箱没有制冷功能，只能相对隔绝温度，因此若想让自己携带的食材保鲜得久，就一定要想办法让保温箱内的低温状态保持得更久。

市场上能够买到的冷媒，通常保冷时间都比较短，如果全靠冷媒来制冷的话基本上是个伪命题。有些冷媒虽然说可以重复利用，但是这就意味着每次露营之后还要背回家，基本上属于"鸡肋"产品。

我的做法：

1. 保证所有放入保温箱的食材都是直接从冰箱中取出的。
2. 在保温箱里放入一定比例完全冻住的瓶装水。

我以前也尝试过用塑料盒冻一大块冰放进去，但是裸露的冰会和周围的食材互相污染，这显然不是一个明智的做法，于是后来我改用瓶装水。这样做的好处显而易见，瓶装水既可以当作冷媒，还能提供冰和水。如果你有足够的耐心等待，还可以直接利用半融化的冰水做出好喝的冰萃咖啡。

冰萃咖啡口味比较清淡，能够激发出咖啡豆中的甜感，最重要的是温度很"感人"，想象一下炎热天气喝到嘴里的那种冰爽的感觉吧！

户外冰萃咖啡的做法：

1. 把瓶装水的盖子拧开，倒出少许水，将水瓶放入冰箱冷冻至完全结冰。出发前再拿出来放入保温箱中。

2. 在营地，将适量咖啡粉倒入半融化的冰水瓶中，摇匀之后放回保温箱。豆子的品种和用量就根据自己的口味调整吧，我有时会直接用挂耳包里的咖啡粉。

3. 第二天一早就可以与家人、朋友们分享了。

露营的第一顿饭

很多人忽略了露营第一顿饭的重要性。刚到营地时是最忙碌的，
要把那么多装备一一打开并且安装设置好就要忙活几个小时，
不太可能有时间认真地做一顿美餐，如果没有提前规划好，很
有可能让全家人饥肠辘辘。

露营的第一顿饭我会做一些简单加工就可马上进肚的东西，比
如咖喱、三明治还有面条。

煮面吃

面条是当之无愧的快餐之王，非常适合当作露营的第一顿饭。各种口味的面条无外乎是对面、酱／酱汁、蔬菜和汤这几种食材的排列组合。面一煮就好，而酱或酱汁都可以在家里做好罐装冷藏，到了露营现场简单加工就好。

作为北京人，对炸酱面的感情极为深厚。小时候我家冰箱里永远都会有一罐炸酱，懒得做饭或者不知道吃什么的时候，煮点面条、菜码，拌上炸酱就好了。可能上海的朋友对葱油也有类似的记忆。而到了内蒙古，这个冰箱里常备的"酱"就变成了羊肉臊子。

炸酱

准备：

我喜欢用一半干黄酱和一半黄豆酱混合，加水解开。五花肉也是让炸酱好吃的重要元素，提前煮至半熟，然后切成肉丁，肥瘦分开。

做法：

1. 热锅冷油，放入花椒、大料、桂皮、香叶，小火炒出香味后就将香料捞出来。

2. 锅中放入肥肉丁，小火煸炒，待肥肉炒出油后放入瘦肉丁、葱、姜、蒜，继续煸炒。

3. 待食材爆出香味后放入两种酱和水的混合物，倒入少许黄酒，小火熬制。

4. 大约半小时就可以出锅装瓶了。

/ 一切与露营无关 /

葱油

做法：

1. 用小火慢慢将葱段熬干（先放葱白），待葱段变成深褐色就可以盛出来了，制作葱油拌面少不了它。

2. 将酱油、蚝油、白砂糖的混合物倒进热油里，小火熬制一分钟左右闻到酱香味就可以了。

羊肉臊子

在内蒙古朋友家第一次吃到羊肉臊子面时，着实是被这种简单好吃的东西惊艳到了。

做法：

羊肉切丁，用胡麻油炒一下，放入葱、姜，炒出香味，放入适量盐，再加一碗水，待水熬干剩下油的时候就好了。

影／Jason

牛角三明治

材料：大牛角面包、火腿肉、白车打芝士（片状或芝士碎均可）、番茄片、生菜叶

酱汁：蛋黄酱

这个组合我特别喜欢，它完全发挥出食材本身的特点，令三明治具备了丰富的口感。大家还可以依据自己的口味尝试不同种类的芝士和火腿。

韩式炸鸡三明治

在户外，三明治机是一个非常好用的装备，携带方便，操作简单。韩式无骨炸鸡 + 蛋黄酱 + 生菜叶 + 吐司，食材叠加后放入三明治机，中小火加热到吐司变硬、表面呈金黄色即可。

炸鸡排汉堡

购买半成品鸡排，解冻后用食用油炸一下，配上蛋黄酱、生菜、汉堡胚，组装好就可以了。尤其在有小朋友的时候，炸鸡排汉堡总是第一时间被一抢而空。

利用封边三明治机做出的三明治，很适合野餐时外带。

咖喱

在家里提前做好，
冷藏保存，夏天
时也可以冷冻。

材料：
日式咖喱块、洋葱、姜、土豆、胡萝卜、牛腩、黄酒

做法：

1. 牛腩先用清水浸泡，然后冷水下锅，水烧开后撇去浮沫，加入姜、黄酒，盖上盖子小火焖炖 50 分钟左右。

2. 利用煮牛腩的时间处理其他食材：洋葱切碎，土豆、胡萝卜切块。

3. 牛腩出锅后沥水。另起一口锅煸炒洋葱碎，这个步骤特别重要，洋葱在锅里慢慢焦糖化会赋予这道菜美妙的风味，因此一定要耐心地多炒一会儿。

4. 放入牛腩和洋葱一起翻炒，让食材的不同风味初步融合。然后放入胡萝卜、土豆继续翻炒。

5. 倒入煮牛腩的汤，直到没过所有食材。煮开后，将咖喱块放在勺子里，再放入锅中用筷子慢慢搅拌直到咖喱融化。

饺子

无论是买来的速冻饺子还是自己包好冷冻保存的饺子都很适合当作露营的第一顿饭。有肉有菜有碳水，直接在冷冻状态下下锅煮熟，就可以享用了。

包饺子我实在没有什么秘诀可以分享，所以不如聊一聊煮的过程。我从小就听过煮饺子要点三回水的说法，所谓点水就是往沸腾的锅里倒一小碗凉水。点三次水之后等到水再次沸腾，饺子就可以出锅了。但是也有人不这么做，比如说我家，一般都是开锅以后转成小火，也能把饺子煮得很好吃。由于饺子皮比馅更容易熟，如果水沸腾得太厉害很可能在煮熟之前饺子皮就已经破了，因此需要在水开以后给锅降温，加凉水和转小火都能起到给锅降温的作用，并且最终利用 90~95℃的水温将饺子煮熟。

其实真正让我好奇的是点水法是怎么来的，这个问题直到我接触了露营，熟悉了篝火烹饪才找到答案。点水法应该是来自一个没有天然气灶的时代，传统的柴火灶是没办法自由切换大小火的，因此利用添加凉水的方式来控温。我在露营的时候用篝火煮饺子、面条时还会这么做，但是在家里我通常还是会采用转小火的方式，主要能省点煤气费……

既然说了煮饺子，就不妨再说说煎饺。

煎饺最好只煎一面，几面都煎的话外壳太硬，吃起来扎嘴。把一面煎好就已经能够提供足够的煎炸香气了。但是假设能够适当增加接触面积的话，还能增加脆感，这就是"冰花"的意义了。

制作冰花煎饺：

1. 面粉和水（大约 1:10）混合。

2. 热锅里倒入适量食用油，将冷藏的熟饺子摆入锅里，先煎 20 秒左右，再倒入面粉水，盖上锅盖。

3. 水分遇到滚烫的锅底后迅速蒸发可以滋润和加热饺子上面的部分，而面粉则留在了锅底逐渐形成冰花。

One Pan Dish——"一锅流"

食物之所以美味，除了色香味以外，还有很多其他因素。想象一下在寒冷天气中炒菜，等最后一道菜出锅，前面几道可能已经冻硬了。

我比较推崇"一锅流"，这是一种一锅到底的料理思路，不但简单、好操作，还能吃得满足。火锅绝对算是经典的一锅流，口味丰富、开放性极强。西班牙海鲜饭也是我心目中比较有代表性的一锅流，热热闹闹的一大锅，包含蛋白质、碳水化合物、维生素、膳食纤维等，不但好吃还很有仪式感。还有一种做法是一道菜吃完，利用餐余 left over 再创作出下一道，《摇曳露营》中的志摩凛就非常擅长这种方式，有时候一道菜能翻出好几个花样来，不但节约了时间，还可避免食材浪费、减少垃圾的产生，并且时常带来惊喜。

寿喜烧

寿喜烧的做法分关东和关西两大派系，把它们综合在一起就是一道完美的户外一锅流大套餐。虽然只是守着一口锅吃，但是营养和口味十分丰富，肉类、蔬菜、主食全都包含了。

寿喜烧的两大"灵魂"就是寿喜烧酱油和生食鸡蛋。寿喜烧酱油大部分超市都有卖，如果没有买到也可以自己熬制。把生鸡蛋当作蘸料，不但提鲜而且解腻。

寿喜烧也经常被叫作寿喜锅，但我觉得强调一下"烧"更为贴切，因为我喜欢如同烧烤一样先煎牛肉的吃法，煎牛肉形成的汤汁自然形成了鲜美的汤底。

第一轮：煎烤
锅烧热，放入黄油、葱花、肉片（如果是冰冻的牛肉卷则需要提前解冻），等到肉片变色再淋上寿喜烧酱油，就可以蘸生食鸡蛋吃了。

第二轮：火锅
煎过肉的锅不用清洗，直接摆入茼蒿、娃娃菜、金针菇、香菇、豆腐、魔芋丝，倒入少量水和寿喜烧酱油，开锅后将肉一片片平铺

/ 一切与露营无关 /

在食材表面，这样熟得均匀，待肉变色就可以吃了。肉吃完其他食材也差不多煮好了。

第三轮：关东煮

经过了前面两轮，吃得差不多了，此时锅里的汤汁非常浓郁，可以放入关东煮食材下酒。

第四轮：乌冬面

主食爱好者可以考虑用乌冬面或米饭收尾。米饭需要专门来煮，乌冬面只需直接下入锅中就好。

平底锅番茄牛腩烩饭

番茄牛腩简单好吃，无论在家中还是户外都十分受欢迎。每次我都会把剩下的汤汁和肉保留下来，第二天做番茄牛腩烩饭用。番茄牛腩烩饭烹饪难度系数不高，不过可发挥空间很大。

做法：

1. 平底锅中倒入食用油，放入洋葱炒至变色，然后加入短粒米翻炒。

2. 锅中加水、白葡萄酒，刚刚没过米就行，盖上盖子焖一会儿，在户外若没有锅盖也可以用锡纸代替。

3. 加入番茄牛腩汤，等到汁水收干基本就做好了。喜欢口感硬一些的等到汤汁收干就可以吃了，喜欢口感软一些的可根据自己需求再加水，并延长炖煮时间。

注意：

1.如果想要成品好看一些可以在做番茄牛腩的时候就将番茄去皮。

2.吃不完的米饭不要留在锅里，可以保存在烧烤用的锡纸盒中，既不会串味，也能随时加热。

自由发挥

可以根据自己的口味在米饭表面放上喜欢的食材，主要根据手边的食材来选择。我曾添加过火腿、虾仁、鳗鱼、鸡翅等，还尝试过在米饭上放上芝士片再焗一下。

有了牛肉烩饭这样好的基底，即兴发挥，经常会带来惊喜。

/ 一切与露营无关 /

酸菜白肉锅

我奶奶是东北人，打我记事起每年冬天家里都会吃酸菜。我做的酸菜白肉基本上延续了当年奶奶改良后的风味，没有什么酸味，但是鲜味十足。小时候的北京还没有集中供暖，家家户户都烧煤球炉子，奶奶用炉火炖的酸菜特别好吃。

做法：

1.将大块的五花肉煮熟，切成薄片备用（肉冷冻一下能切得很薄），煮肉的汤留着备用。

2.酸菜多清洗几遍，攥干水分备用。

3.肉汤里依次放入葱、姜、蒜、酸菜、大虾、瑶柱、桂皮、八角、五花肉片。小火炖煮一小时左右。

小料：腐乳、酱油、虾油、蒜泥、香油（小料可以预先做好，最后放入蒜泥）

/ 一切与露营无关 /

部队火锅

材料1：
五花肉、韩式泡菜、洋葱、豆芽、西葫芦、金针菇、香菇、年糕、
小香肠、午餐肉、蟹肉棒、鱼豆腐、牛肉丸

材料2：
辛拉面、芝士片、鸡蛋

配料：
韩式辣酱、白砂糖、辛拉面佐料包、小葱

做法：
1. 将材料1中的五花肉和韩式泡菜炒熟后当作锅底。
2. 锅中放入材料1中剩余材料和配料，倒入水，盖上锅盖。
3. 煮开后放入材料2中的辛拉面、芝士片，再打入一颗鸡蛋，
关火，盖上锅盖焖熟即可。

汤底＋米饭，用
来醒酒再合适不
过！

扁豆焖面

我从小就爱吃扁豆焖面，做的时候如果刚好有上一顿剩下的炖排骨就更加完美了。露营时也非常适合吃这种有肉、有菜、有碳水的美食。

做法：

1. 热锅，放入扁豆翻炒一下。

2. 放入香料、生抽、黄酒（手边有啤酒也行）、之前剩下的炖排骨肉汤，直到差不多平齐于锅内所有食材，盖上盖子焖一会儿。

3. 等到汤汁刚好低于食材顶部就非常完美了，将面条下入锅中，盖上盖子焖10分钟。

4. 打开盖子，检查一下汤汁，如果还剩下少许汤汁就说明快好了，这时加入蒜泥、盐，搅拌均匀。

/ 一切与露营无关 /

砂锅汆丸子

这是一道跟我岳母学会的家常菜，口感细腻、味道鲜美，就连我儿子这种不爱吃肉的人也能轻松干掉一大碗。冬天在帐篷炉上做这道菜再合适不过。

准备：

1. 现成的猪肉馅继续剁，这样口感更好。然后加入姜末、小葱、酱油、料酒、蛋白、面粉，混合均匀。
2. 将馅料放在手里揉成小丸子，揉的时候手上可以蘸少许水，防止肉馅黏手。
3. 口蘑洗净后切片。

做法：

1. 砂锅中倒入水，烧开后放入姜片和料酒。
2. 开锅后放入肉丸。
3. 平底锅烧热，倒入食用油，放入口蘑片翻炒，待口蘑变色后加入酱油、料酒。
4. 将炒好的口蘑连同汤汁一起倒入砂锅，和肉丸一起炖煮。
5. 吃之前放入蔬菜和盐。
6. 碳水爱好者可以下入面条。

/ 一切与露营无关 /

日式“随便锅”

水、昆布、清酒当作锅底，似乎放入各种海鲜、蔬菜、蘑菇后的味道都不错，喜欢的话还可以用适量白味噌调味。

若觉得不够味，吃的时候可蘸日式酱油、柚子调味汁等，最终获得的是一种明亮的鲜，连汤都能喝光。配上清酒，特别满足。

Umami 鲜味锅

在锅中将水和白葡萄酒烧开，放入一个小洋葱、两三个西红柿，煮约 10 分钟后放入大虾、盐、柠檬片，挤入半个柠檬汁。吃的时候依照个人口味可以加适量黑胡椒和盐。

烹饪简单，味道极其鲜美。如果说烙饼、摊鸡蛋、黄豆酱还有小葱的组合如同披头士的音乐，那么这一小锅海鲜汤就如同爵士四重奏一般，看似每一种乐器各自精彩，搭配在一起又相当和谐。

关于火

我喜欢露营可能有一半原因是喜欢火。树木吸收了太阳的能量，因此篝火就相当于小小的太阳。

在大自然中，火绝对是最值得敬畏的力量之一，虽然说有些动物也能使用工具，但是只有人类学会了用火烹饪。因为熟的食物更容易咀嚼和吸收，这也使得人脑得到了进一步的发展。火为人类的进化以及人类文明的出现奠定了基础。

火不仅带来了美味，还形成了一种仪式感。无论家人、朋友还是陌生人，围坐在火堆边就会转换一种心境，哪怕只是小小的火苗也可以注视很久。

人类祖先用火来加工食物、取暖和自我保护，这种对火的敬畏和亲近感一直在基因里流淌，当我们再一次围坐于篝火前，某些记忆会被唤醒，让我们与祖先产生了某种穿越了百万年的共鸣。

用火烹饪同样也是一种特殊的体验。摆脱束缚，让烹饪回归基本。

摄影 / 史楠

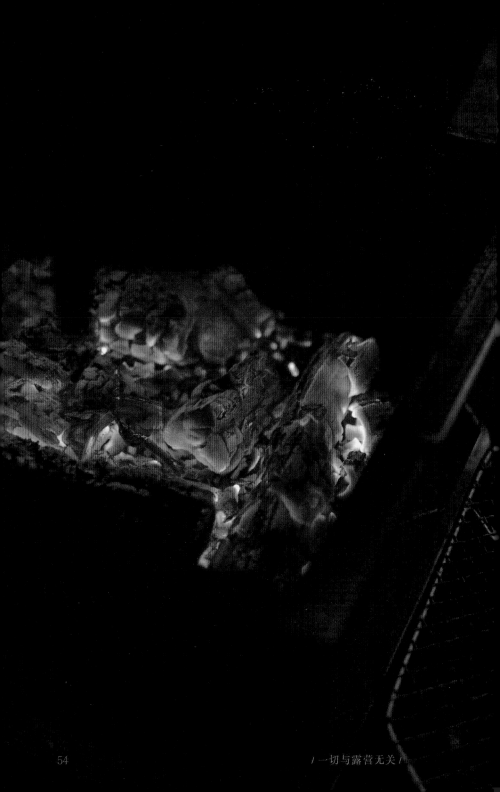

/ 一切与露营无关 /

火仿佛是有生命的东西，这也是它的魅力所在。篝火的整个生命周期会呈现出好几种状态，每个状态都有自己的个性，因此也有相对应的烹饪方式。

1. 幼年期：火苗虽然还需要悉心照料，但是产生的烟可以让食物获得烟熏的风味。

2. 少年期：火势猛烈，产生的巨大热量让人难以靠近。这个阶段可以用壶来烧水或者用锅来炖煮了，也可以将食材放在火苗侧面利用热辐射来烤制。

3. 青年期：火势稳定，火焰高度在 10 厘米上下，适合炒菜。

4. 中年期：红炭状态，为烤肉的最佳状态。

5. 老年期：炭灰依然能够发挥余热。烧尽的篝火会形成很厚的一层炭灰，表面上看起来火已经熄灭，但实际上在表面之下依然隐藏着余温，甚至能持续一整宿，等到早上气温回升有可能还会开始冒烟起火。"死灰复燃"就来自对这种现象的观察。

慢烤和烟熏

慢烤是利用较低的温度和更长的烤制时间让食材达到理想熟度的一种烹饪方式。这样料理出来的肉，其表面会形成迷人的脆壳，切开后里面呈现粉红色，鲜嫩多汁，最重要的是省事，所以这也是我最喜欢的户外烤肉方式之一。只需温和的炭火，然后耐心等待就好了，千万不要急于翻面。

慢烤适合烤厚切肉眼、牛仔骨等。烟熏则是在此基础上刻意制造出更多的烟来让肉获得明显的烟熏味，适用于大多数常见肉类。

/ 一切与露营无关 /

德克萨斯风味烟熏猪肋排

因为猪肋排需要在低温环境下完全解冻，因此这是一道很适合出现在露营第二天晚餐上的主菜。酸、甜、辣、咸，外加明显的烟熏味，风味平衡，肉质饱满多汁，软烂脱骨，表面脆壳焦香四溢。虽然步骤和配料较多、熏制时间较长，但是绝对值得。

腌料：黑胡椒 + 盐（比例 6:1）、辣椒粉少许、蒜粉少许、红甜椒粉少许

酱料：烧烤酱 + 水（比例 3:2）

喷壶：苹果醋 + 水（比例 1:1）

做法：

1. 猪肋排修剪一下，表面涂抹橄榄油或黄芥末酱，然后均匀地撒上腌料腌制。

2. 放在预热至 150℃ 的熏烤炉内 1 小时（这个过程中喷几次苹果醋）。

3. 取出后涂抹少许酱料，包上铝箔纸，再烤 1 小时。

4. 取出后醒 30 分钟，去掉铝箔纸，涂抹上酱料。

5. 让炉温升高至 180℃，再烤 15 分钟就好了。

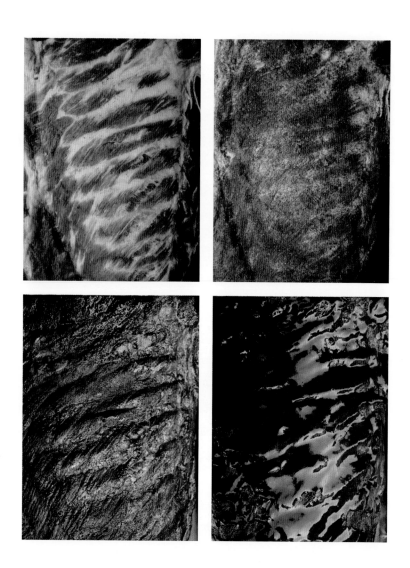

/ 一切与露营无关 /

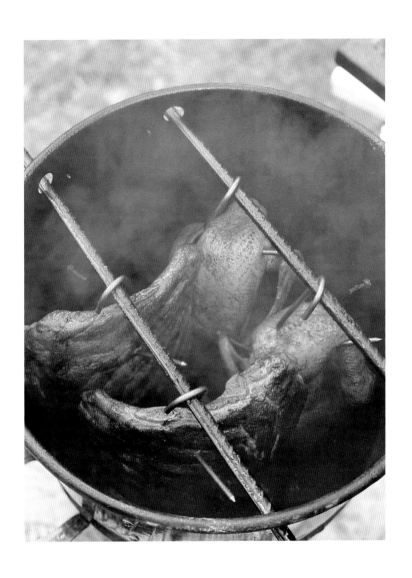

用一根果木柴烟熏出来的美味

某次露营的最后一天，果木柴还剩下 3 根，食材还剩下一块不错的羊腿肉，于是我决定试着将这块肉熏熟。

做法：

1. 将盐和黑胡椒涂抹在羊肉表面，我还在羊肉里面埋了两瓣蒜。趁着腌肉的工夫，刚好在周围捡了些枯枝放在柴火灶里生火。

2. 热锅，发现植物油没剩下几滴，随手切了一小块肥肉丢进锅里作为补充。

3. 用平底锅煎羊肉，每面都要煎至变色，目的是让肉表面先形成一层保护壳，锁住内部的汁水。

4. 此时捡来的枯枝已经燃尽，而炉灶里那根果木刚好似燃非燃，这正是我想要的。将肉放在篦子上开始低温熏烤。当时已经 11 月份了，白天室外温度在 10℃ 左右，我把平底锅扣在了肉上，这样做的好处是可聚拢更多的烟和热量。

5. 就这样熏烤了大约一个多小时，最终的结果还是很令人满意的，经过低温熏烤后的羊肉外焦里嫩，很有弹性。外层的脆皮非常香并且充满了烟熏风味，里面呈现嫩粉色，汁水充足，保留了羊肉本身的鲜美。这样的美味竟然是用一根没有燃烧起来的果木柴料理而成的。

篝火烤鸡

在野外，一堆熊熊燃起的篝火上架着烤鸡简直是影视剧里的"标配"场景。不过这么做几乎是不可能的，因为篝火猛烈，把整只鸡架在上面过不了多久表皮就会被烤煳，然而鸡肉里面还带着血丝……

准备：

1. 三黄鸡一只，去掉鸡头、鸡爪，在鸡身内外涂抹盐和黑胡椒。

2. 将洋葱切成两半或四瓣，柠檬切成两半，百里香一小把，全部塞入鸡肚子里。

烧烤架准备：

1. 选 Y 形树枝两根，将底部削尖插入地面，作为烧烤架的两个支架。

2. 再找一根 Y 形树枝，用作烧烤架的横杆。削去表面的树皮，其中一段削尖，中间用小刀钻个洞。

3. 找一根小树枝，粗细差不多能插进洞里，削去树皮。

4. 用步骤 2 的树枝纵向穿过整只鸡，再用步骤 3 的树枝横向穿过鸡肋，确保要穿过步骤 2 的小洞里，相当于将鸡肉以十字形固定。

/ 一切与露营无关 /

低温慢烤（一小时左右）

通过这张图大家可以获得关于食材摆放位置的重要信息。热力强大的篝火其实是在鸡的侧面，因此不会让鸡肉表面过热。将一些红炭从篝火底下堆到烤架的正下方作为烤肉的主热源，一开始温度可以高一些，在鸡肉表面刷少许油并观察表面颜色，发现变色就要转动一下方向。当鸡肉表面变色并初步形成保护壳以后就可以撤掉一部分红炭（将手放在鸡肉的高度去感受温度，如果觉得能忍受 3~5 秒就表示温度合适）。

烤制过程中可以给鸡身刷几次油，然后转动几次烤架（可以用食用油，也可以用黄油加水，放在火边温着，用香草枝蘸着刷）。

如何判断鸡肉已经熟了？

最准确的方法是使用烹饪专用的温度探针，将探针插入鸡肉内部，显示内部温度为 80℃时就可以了。或者将筷子插入鸡肉内部，如果很容易插进去就说明烤得差不多了，这个时候可以拿下来切一刀看看。

爆炒圆白菜

圆白菜好料理也好保存，可以生吃、热炒，还适合做汤，就算是篝火边最简单的烹饪也掩饰不了它本身的美味。

小时候我并不喜欢吃圆白菜，各种家常吃法如花椒炝锅、醋溜，还有放虾皮炒的诸多种做法，只能捏着鼻子勉强吃两口。

后来在日本吃炸猪排时发现生圆白菜切丝本身就很美味，放在拉面里也很好吃，圆白菜也是烹饪大阪烧必不可少的材料，都是因为圆白菜本身口感鲜美，还自带甜感，因此并不需要过多调味。

很多蔬菜都适合爆炒，大火和高温能够锁住食材水分还能因美拉德反应[1]产生香气，所以在篝火边炒菜本身就已经成功一半了。

做法：

1. 热锅放油，放入蒜末爆香。

2. 炒菜（这一步最关键的是不要着急翻动，让美拉德反应充分发挥作用）。

3. 放入蚝油、酱油、盐，翻炒均匀后出锅。

---

[1]美拉德反应：美拉德（Maillard）反应是氨基化合物（氨基酸、肽和蛋白质）与羰基化合物（糖类）在食品加工和储藏过程中自然发生的反应，由法国著名化学家路易斯·卡米拉·美拉德（Louis Camille Maillard）于1912年发现，因此命名为"美拉德反应"。烹饪后的食物全部都是美拉德反应的产物。

蟹味噌甲罗烧

每次去日本旅行都要去"矶丸水产"吃两顿，为的就是吃那"黑乎乎"的东西。我一下能吃三个，然后味蕾就被鲜得麻木了。后来也想自己复刻一下这个味道，露营时搭配炒饭当作宵夜。

材料：
蟹黄味噌（罐头）、白味噌、日本味淋、食用油、蟹壳、蟹肉、葱花

将所有材料混合在一起搅拌均匀，盛入蟹壳中，用炭火或气罐烤炉烤制，实在没有条件直接用平底锅加热也可以。

难度低，时间短，但是效果惊艳。跟蛋炒饭是绝配。

烤茄子

这是一道性价比极高的 BBQ 烧烤，每次聚会时做这个都会迅速被抢光。

油蒜汁：

1. 切很多蒜末（多到足够覆盖茄肉），小米椒切碎（根据个人口味增减）。

2. 平底锅倒油，小火加热，放入蒜末，待蒜末变色后放入蚝油、酱油、白砂糖，炒出香味。

3. 关火，放入少许盐和蒜末，搅拌均匀。

做法：

选择粗壮的长茄子（烤后会缩小），洗净后直接用炭火烤制10~15 分钟。茄子烤至 8 分熟时放在锡纸上，用刀从中间刨开露出茄肉。将油蒜汁涂抹在茄肉上，继续用炭火烤 5 分钟就可以享用了。

简易沙嗲鸡肉串

易上手的一道户外美食。将鸡胸肉或带皮的鸡腿肉切成小块，用沙嗲酱拌匀，腌制 30 分钟。

炭火烤制

腌制鸡肉剩下的酱可以兑水再熬制一下，浇在烤好的肉串上。

/ 一切与露营无关 /

摄影 / 史楠

/ 一切与露营无关 /

肉

牛排

煎牛排是如此简单的一件事，如同听唱片——将唱片放进唱片机，过会儿再翻个面就好了。但越是简单的事情越容易出错，那些一看就会的事往往一干就废。

牛排到底是什么？

牛排是一种俗称，简单来说，就是牛身上的一块肉，煎或烤一下就焦香四溢，咬一口汁水横流。可想而知并不是随便弄来一块牛肉往平底锅里一扔就会发生这种奇迹。一头牛身上适合这样吃的部位真的不多，一块肉同时具备刺身和烤肉两种烹饪特质，光卫生问题就不好解决，更甭说还要保证味道和口感。做到这三点的食材通常都价格不菲。

买比做难

牛排是个舶来品，中国人日常吃牛肉主要是涮、烤、卤、炖这四种吃法。因为饮食习惯不同，无论是牛的品种、饲养方式，还是牛肉的切割分类方式，中西方都大不相同。于是就形成了国内市场上牛腩好买但牛排少见的客观事实。

西方人根据牛的部位和牛肉的品质进行分类。一头牛身上能够产出西冷1条（4~5KG），肉眼1条（5~6KG），里脊2条（共4~6KG），它们是牛身上最优质的肉，真正意义上的牛排指的就是这些肉。而牡蛎肉、牛小排、上脑等可以算第二梯队，再往下数还有第三、第四梯队。正所谓：高级的食材只需要最简单的料理。排在后面的肉想要煎一下就吃恐怕得用点手段了。

好吃不贵是一贯误解

1. 腌制

肉类加工中有一种滚揉和腌制技术，将一块部位不是很好的肉经过腌制机的处理从而破坏原有的组织结构，再经过塑形、冷冻、切片、包装等程序，滚揉过的肉吃起来嫩感提升了一个档次。超市里很多售价几十块钱的牛排就是用了这种处理方式。

2. 医美

经常看到牛排会被用 M5、M8 这样的编号来评级，其中，M 指的是大理石纹，也就是英语中的 marble，所谓大理石纹指的是牛肉肉质中漂亮的脂肪花纹，也就是我们中餐说的"雪花"。和牛以其大理石花纹和鲜嫩的口感著称，但并不是所有带有这种脂肪花纹的牛肉都是和牛。日本人当初为了增强牛肉口感发明了注射脂肪技术（简称注脂），这项技术早已传入了中国。注脂肉售价 50 多元一块，相对于动辄三五百元一小块的和牛有巨大的价格优势。

3. 合成

我第一次听说"合成肉"的时候十分惊讶，难道它指的不是肉馅吗？事实上合成牛排是将肉类边角料滚揉后粘起来，再经过塑形、冷冻、切割成牛排。合成牛排价格非常便宜。

解冻方法

买到了一块优质的牛肉，最难的问题就解决了，接下来了解一下解冻。

肉类保存主要靠冷冻，买回来的肉大部分是硬邦邦的，需要解冻。日常用的解冻方法有：1.室温；2.自来水；3.微波炉；4.冰箱冷藏室。

炖肉的话通常选哪种解冻方式都行，但是类似牛排这种只需烹饪到半熟的食材就需要格外注意。推荐使用冰箱冷藏室解冻的方式，因为只有这样才能相对较好地杜绝解冻过程中的细菌滋生问题，并且解冻后能保存一到两天。若是在露营中，建议将牛排放在保温箱中解冻，前提是保温箱内冷媒充足，温度足够低。户外条件比不了家里，保温箱内的温度也不稳定，因此建议解冻之后尽快烹饪。如果露营地有冰冷的山溪，也可以将密封袋里的牛排放入溪水中解冻，这个效果类似于冷藏室。但是假设溪水或者自来水的温度不够低，如20℃左右，最好在肉质已软化但摸起来依然比较冷的情况下马上烹饪。

露营中我见过很多次因为没有把控好解冻时间和解冻方式导致肉类变质的情况，也有人因此吃坏了肚子，在荒郊野岭腹痛到站不起来绝对是人生中难忘的体验。

煎牛排

终于到了最简单最愉快的步骤——煎。只需了解以下几个注意事项。

腌制：提前一个小时，用厨房纸擦干牛排表面，用盐和黑胡椒腌制（是否提前腌制都可以，但是提前腌制一下效果更好）。

还可以尝试48小时腌制法：用粗盐均匀涂抹在牛排表面，放入冰箱腌制48小时，此方法不但让牛肉表面干燥脱水，也让咸味渗透到内部。干燥的表面通常也代表能发生更好的美拉德反应，这样能让牛排的口感和味道更上一层楼。另外还有一个好处就是，腌过的牛排不那么容易变质，更便于携带。

锅具：使用铸铁锅或碳钢平底锅最佳。铸铁锅厚实，操作不容易失误；碳钢锅稍轻，烹饪速度更快。

时间：2分钟热锅，8分钟煎，5分钟"醒肉"，一共用时15分钟（煎3~4指厚的牛排请参考这个数据）。

做法：

锅加热到微微冒烟后放油，然后放入牛排，中火煎3分半~4分钟时翻面，放入黄油、大蒜、迷迭香。将平底锅倾斜，用勺子将锅里融合了各种香气的热油淋在牛排表面，此面同样煎3分半~4分钟结束，此时牛排刚好呈三分熟（medium rare）的状态。

/ 一切与露营无关 /

/ 一切与露营无关 /

常见错误:

1. 不醒肉

以前总是在牛排出锅后就迫不及待地切开来享用,渐渐发现如果能够耐心等待几分钟后再切效果更好。醒肉是让汁水重新被锁定在肉里的过程,而不会全都流失到案板上。

2. 温度不够,频繁翻面

薄切的牛排其实更难煎出 5 分熟的效果,下图这块牛排由于温度不够,并且翻面太快,导致没有形成漂亮的褐色硬壳。并且里外熟度一致,无法达到外焦里嫩的效果,要么口感很柴,要么没有焦香味。

/一切与露营无关 /

汉堡肉饼——牛排的"平替"

以前在电台工作时，节目里经常拿德国汉堡（Hamburg）和汉堡包(Hamburger) 二者的谐音开玩笑，后来竟然发现它们居然真的有关系。最初这种由碎肉制成的汉堡肉饼就是从德国汉堡传入美国的，最终在美国发展成全世界闻名的食品。如今它在美国已经流行了二百多年，是不折不扣的老牌食品了。

制作汉堡最初可能只是为了让品质没有那么好的牛肉获得更好的口感与味道，于是煎牛肉馅就成了牛排的完美"平替"。你可以直接去超市买牛肉馅，或者将牛排剁碎来制作。

某次我买了4块牛排，煎了两块觉得不太理想，首先就是草饲牛的那种味道太重了，肉质也比较柴。其次就是卖家切割的厚度不够，导致很难煎出外焦里嫩的五分熟效果，于是我就把剩下的两块剁成了肉馅。

制作小汉堡

材料：将牛肉馅、黑胡椒、盐、面包渣或麦片（可根据个人口味加入适量腌辣椒或辣椒末），混合均匀后捏成肉饼，放入冰箱保存，烹饪前再拿出。

配料：
番茄片、生菜叶、酸黄瓜口味芥末酱

煎汉堡肉饼跟煎牛排差不多，关键是要产生美拉德反应，一定不要着急翻面。一面大约煎 3 分半 ~4 分钟，翻面后可以放上一片芝士片，等待出锅。

荷兰锅无水鸡

水在户外是珍贵的资源，要节省使用，无水料理基本上可解决这个问题。

在瓦斯炉上的做法：

1. 整鸡完全化冻之后，用黑胡椒和盐腌制30分钟。最好选用三黄鸡，肉质比较嫩。
2. 锅里放入姜片、葱丝、少许食用油，将整只鸡放入锅内，淋上两勺料酒。
3. 大火烧至锅盖边缘喷热气，之后调成小火加热20~30分钟。
4. 放入少许蒜末，淋上热油，倒入两勺生抽，撒上葱花、香菜即可。

在柴火上的做法：

基本上流程相似，需要注意的是对柴火的温度控制，这需要经验，基本原则就是保持距离和增减火堆里的柴火。有一次露营是在深秋，傍晚时已经有了明显的寒意，为了保温，我借鉴了烤鸡的做法，需要小火的时候我将篝火中的炭抽出不少，放到荷兰锅的盖子上面。

手把肉

生活在草原上的人很喜欢吃手把肉，用清水炖羊肉，吃的时候一手把着肉，一手用小刀削肉吃。

在草原上架起一口大铁锅，放入新鲜的羊肉、肉肠、血肠一起炖煮，然后跟家人和朋友一起分享。肉都是大块、带骨放进锅里的，吃的时候用手抓着送进嘴里，那种热气腾腾的画面是牧民的日常生活，也是露营玩家们的高光时刻。

手把肉的味道十分鲜美，因为肉质好，基本上不用过多调味。只需放入葱、姜、盐，或许还有少许花椒就可以了。

羊肉大约煮 50~80 分钟，肉肠大约煮 30~40 分钟。

煮好的肉肠留到第二天煎或烤一下更好吃。

没吃完的羊肉第二天早上切成薄片泡在正宗的蒙古奶茶中，就是一顿营养丰富的早餐。

摄影／Jason

便携式红烧肉

红烧肉是一道家常美食，家家户户都有自己的做法。

由于所需的工序、配料以及消耗时间都比较多，可以借鉴一下预制菜的思路。通过预先处理的方式解决很多麻烦，让经典美味轻松呈现在野外。

预处理：

食材＋配料：五花肉、葱、姜、桂皮、八角、花椒、生抽、老抽、黄酒、腐乳、盐、白砂糖、香叶、炖肉料包、食用油

1. 五花肉冷水煮开后去血沫，放入葱、姜、料酒去腥，再放入炖肉料包，盖上盖子炖煮30分钟。

2. 肉捞出后冷却，肉汤保留在梅森瓶里备用。

3. 制作腌肉汤料：生抽、老抽、白砂糖、盐、腐乳、黄酒。

4. 将煮好的肉切成小块，放入密封袋，倒入腌肉汤料，将空气尽量排出后封口。

5. 如果第二天去露营的话可以先将腌肉的塑料袋和保存汤汁的梅森瓶放入冰箱里。

现场操作：

1. 将塑料袋打开一个小口，将汤料倒入小碗中备用，肉尽量控干一些。

2. 炒糖色：锅烧热，依次放入食用油、白砂糖、猪肉，翻炒上色。

3. 倒入腌肉的汤料和梅森瓶里的肉汤，加入八角、桂皮、香叶。

4. 小火炖 20 分钟后大火收汁就好了。

如果担心现场忙不过来，也可以提前在家中做好，放入冰箱保存，到了营地用蒸锅加热即可。因为红烧肉汤汁比较少，因此蒸是最好的方法，能够保留红烧肉全部的风味，还可以保持 Q 弹的口感。

/ 一切与露营无关 /

家常扣肉

预处理：

1. 锅中放入五花肉块、葱、姜、蒜，煮软。

2. 肉皮朝下煎一下备用，放入冰箱冷却30分钟。

3. 调汁：腐乳、生抽、甜面酱、白砂糖、盐、黄酒。

4. 将肉切片，每一片都抹上酱汁，肉皮朝下放入碗中。

5. 将肉放入密封袋，放入冰箱冷藏。

露营时只需在蒸锅里蒸30分钟左右，出锅后将小碗倒扣在盘子里就可以上桌了。

蒸制过程会让碗里充满汤汁，我喜欢出锅时先把汤汁倒出一部分，然后撒上葱花，上桌的时候再把倒出的汤汁淋回到扣肉上。

鱼肉

鱼肉是在户外相对更容易获取的一种肉类。新鲜的鱼肉简单烤制一下就十分鲜美，因此相对怎么烹饪，或许怎么杀鱼是个更大的问题。

我也是鼓起勇气专门找我的路亚老师学习了处理鱼的基本方法，虽然至今并没有真的在野外实践过，平时在家的时候倒是再也不怕有人送鱼了。

步骤：

1. 将鱼打晕，切断主动脉。

2. 放血，去腮。

3. 破开鱼腹，去掉内脏，有鳞的鱼还需刮去鳞片。

4. 将鱼身内外清洗干净。

沙拉与凉拌菜

酒肉的最佳伴侣是沙拉和各式各样的凉拌菜。

1. 凯撒沙拉
就算没有煎面包块和煎培根也没关系,凯撒沙拉的灵魂在于整叶的罗马生菜和现调的沙拉酱。现调沙拉酱非常美味,甚至可以直接用罗马生菜蘸酱吃。自制沙拉酱:蒜泥 + 金枪鱼(罐头装)+ 蛋黄酱 + 帕马森奶酪碎 + 黑胡椒,混合均匀。

2. 拍黄瓜
一百个人可能就有一百种口味的拍黄瓜,总有一种口味适合你。

3. 樱桃萝卜沙拉
将樱桃萝卜切开或用刀拍碎,与萝卜缨、炒过的洋葱、油醋汁一起倒入瓶子里,放入冰箱或保温箱保存,吃的时候拿出来就好,特别适合野餐。油醋汁:橄榄油、白砂糖、盐、白酒醋,混合均匀。

4.这个吃法让我不再抗拒紫甘蓝

用凉拌紫甘蓝的配方（紫甘蓝、洋葱、香菜、盐、白砂糖、醋、香油或橄榄油）与菠萝一起拌匀，不但颜色好看，还令味道多了层次感。

5.一道经典的东北凉菜，让很多人根本停不下口

食材都很常见：白菜心、鸡蛋皮、胡萝卜丝、粉丝、葱花、香菜。酱汁也很简单：酱油、蚝油、盐、白砂糖、醋（吃之前淋上现炸辣椒油）。

6.一道"不太正经"的凉菜，却正经挺好吃

做法：奶黄瓜拍一下，苹果切丁，小西红柿切两半，胡萝卜切细丝，与韩式泡菜拌匀就可以了，口感清凉，酸、甜、辣混合在一起，十分爽口，搭配烤肉非常适合。还可以依照个人口味以及手边食材放入煎虾仁、芹菜丁、花生米、薄荷等。调料：酱油、盐、韩式/泰式辣酱（选用）。

7.很偶然做过一次羽衣甘蓝沙拉，并且很偶然地和香煎三文鱼搭配在一起，味道竟然还不错。

8.茄子切块，蒸熟后用黄酱炒一下。放入大量蒜末，倒入酱油，拌匀后关火。青椒可以掰成块倒入锅中拌匀，也可以用青椒当作小勺来吃。这道菜我从小吃到大，通常当热菜吃，但是我发现冷吃更好吃，还可以配馒头、面包吃。

/ 一切与露营无关 /

9.心里美萝卜去皮、切丝，与白砂糖、醋、香油、盐、葱花，搅拌拌匀。

10. 小葱拌豆腐这道菜制作简单，口感清爽。可以说唯一有难度的事就是如何将脆弱的内酯豆腐从塑料盒里拿出来。因为这种产品的包装通常设计得非常不合理，仿佛不希望任何人能打开一样。
先将塑料膜尽可能撕掉，如果实在撕不开可以在边角的位置剪一下，然后再撕开。将盘子扣在豆腐盒子上，然后翻转过来，用刀背拍两下盒子底部，豆腐就可以完整地脱壳而出。

材料：内酯豆腐、小葱、木鱼花
酱汁：日式淡酱油、味噌、味淋

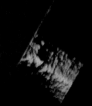

百搭早餐

/ 一切与露营无关 /

对我来说，露营中最快乐的时光是从第二天的早餐开始的。因为第一天基本上不是在赶路就是在忙着扎营和搬运物资，时间在汗水中飞快地度过。

第二天则比较清闲，可以好好地享受大自然中的时光。一边晒太阳一边慢条斯理地做早餐就成了一件非常惬意的工作。

全麦吐司配风干香肠是我百吃不厌的，还可以在上面铺上鸡蛋和蛋黄酱，配上咖啡，简单又满足。

培根、鸡蛋、面包、香肠都是非常好的选择，如果平底锅足够大甚至可以一起搞定。咖啡可以用挂耳包，如果不怕麻烦的话就自己磨豆子，反正有的是时间。我喜欢煮上一大壶咖啡，香气通常能吸引来很多营地的邻居，晨光里大家热情地打招呼，然后互相品尝各自准备的早餐也是我所喜欢的营地生活的一部分。

无花果吐司

吐司切厚一点，将中间压扁，倒入适量鸡蛋清。在吐司表面铺上无花果、火腿、黄油、黑胡椒，烤出香味即可。

午餐肉鸡蛋三明治

1. 锅中不用放油，先煎一下午餐肉，煎过的午餐肉不但不油腻，口感和味道还会提升不少。

2. 利用午餐肉煎出的油，再加少许橄榄油或色拉油来煎鸡蛋。我喜欢单面煎鸡蛋，这样能让三明治保留一点汁水，口感就不会太干。

3. 鸡蛋煎好后撒上少许熏肉调料（配方参见德克萨斯手撕猪肉）。

4. 关火，利用锅的余热烤面包。我没有用吐司，而是选择了更加松软的汉堡胚。

慰藉的碳水

/ 一切与露营无关 /

关于米饭我们应该了解的

因为有了电饭煲，煮饭成了连小孩都可以操作的事。但是煮出好米饭的技巧却是在我长大很久后才弄明白的。

为什么要淘米？

①大米中含有的不饱和脂肪酸可能已经变质（陈米有微微的哈喇味正源于此）

②可能有霉菌、细菌。

③农药和重金属残留。

淘米主要是为了去掉大米表面残留的杂质与糊粉层。淘米完成的标准就是淘米水变得清澈，说明大米表面的杂质已经去掉了。

为什么要浸泡大米？

将大米浸泡半个小时再煮可让水分进入米粒的内部，这样煮出来的米不会黏在一起，米粒饱满有光泽，且不易夹生。

米和水的比例通常是 1:1，一碗大米就用一碗水

具体的水量根据不同种类的大米的吸水性还有个人口味可以稍作调整。

设备：饭釜、荷兰锅、饭盒、砂锅

前三种设备的做法相似，都是遵循"10分钟原则"，即大火烧开，之后转小火煮 10 分钟后关火，再焖 10 分钟。

砂锅因为介质特殊的原因，导热性比较差，储热性却非常好，所以煮饭的"节奏"与众不同。

砂锅煲仔饭

材料：大米、广式香肠3根、川味香肠2根、葱花、姜丝、蒜末、鲜辣椒切段

料汁：酱油、料酒、白砂糖、蒜末、葱花、辣椒段（尝一下，不要太咸）

准备工作：
1. 将淘好的米倒入砂锅，放入几乎等量的水，浸泡半小时到一小时。
2. 将广式香肠和川味香肠切成适口大小备用（懒得切甚至可以整根放进去）。

煮饭：
1. 大火烧开后转小火再煮2分钟，然后关火焖10分钟。
2. 淋上料汁，中火煮2分钟，然后关火，再焖10分钟即可。

延伸吃法

我非常喜欢白灼菜心和香肠煲仔饭的搭配。

简配版的煲仔饭只需广式香肠和大米就可以了。大米淘净后浸泡半小时，锅中放入大米和香肠（加入土豆丁口感更好），大火加热到开锅，之后转小火煮 10 分钟，再转大火煮 1 分钟，随后关火，焖 10 分钟就好了。记得定好闹钟准时关火。

将菜心用开水焯好后放在焖好的米饭上，再调个酱汁浇上去就完美了。

酱汁：用植物油将蒜泥煎出香味，与酱油、蚝油、白砂糖搅拌均匀。

宜兴菜饭

准备：

将猪小排用盐、料酒、姜调味，放入冰箱腌制 48 小时，这样做的好处是更入味，还不容易变质。将"上海青"切碎，数量差不多能放满一锅就好。大米淘洗后浸泡半个小时，沥掉表面水分。

做法：

荷兰锅烧热，放入猪油和猪小排，将猪小排煸炒至表面呈金黄色。放入"上海青"翻炒，加盐，继续翻炒，等到菜里出水了尝一下咸淡程度。放入大米拌匀，加水（水刚好没过食材）。接下来的操作与焖米饭相同。

注意事项：

猪油：因为排骨的口感容易变柴，所以加猪油能让排骨口感更好，并且味道纯粹，有种原汤化原食的意味。

加水量：因为青菜的出水量很难提前估算，因此要根据实际情况来加水。

/ 一切与露营无关 /

蛋炒饭好吃的秘诀

吃过各种各样的炒饭，唯独最爱的就是朴实的蛋炒饭，或许这份热爱中还夹杂了小时候对周末的期待，因为通常我家吃蛋炒饭都是在周末的早晨。

有个问题困扰了我许多年：这样简单的一道料理为什么有时候格外好吃有时候却平平无奇？这不但发生在我爸妈做饭的时候，起初我自己做的时候也是这样。

这个问题其实跟很多配料简单的料理一样，正因为配料太简单，所以有很多注意事项在菜谱中并没有体现出来。下面跟大家分享我的经验。

让蛋炒饭好吃的要素：足够的食用油、盐、葱、温度。还有一个关键就是米饭要用相对干一些的隔夜饭。如果是新蒸的米饭至少也要在出锅后静置几个小时再炒。满足这几个条件的炒饭自带一种鲜香，就算没有其他配菜也能呼噜噜地吃下一大碗。

当然，炒饭好吃与选用的锅、制作手法、炒制顺序也有关系。我通常用铁锅或碳钢炒锅来炒饭，因为热量均匀。炒饭适合大火，但是假设碰到了过于温和的灶台或炉头则可以用平底锅炒，因为平底锅接触热源的面积大，在一定程度上可以缓解火力不足的问题。

/ 一切与露营无关 /

材料：香葱、鸡蛋、米饭、食用油、盐

做法：

将锅烧热至微微冒烟，倒入食用油和打好的
鸡蛋液（热锅冷油），待鸡蛋半定型后拨到
一边，继续倒油，依次放入少许葱花和米饭，
快速搅拌并翻炒均匀，这时再加入少许葱花
和盐，略翻炒后就可以出锅了。炒制过程通
常不超过5分钟。

日式牛肉饭

这是一道家喻户晓的日式盖饭，所用材料并不多，加工流程也比较简单，吃起来非常有满足感。

做法：

1. 锅中水烧开，倒入白葡萄酒，将牛肉卷入锅，开锅后去掉浮沫，小火加热 10 分钟。

2. 倒入酱油、味淋、白砂糖、盐、照烧汁，盖上锅盖加热 10 分钟。

3. 洋葱下锅，待质地变透明就可以关火了。静置一会儿会更入味。

/ 一切与露营无关 /

白酱意大利面

1. 锅中水烧开后撒少许盐，先煮西兰花，捞出后开始煮面，将面煮至没有硬芯就可以了。

2. 煮面的同时用平底锅煎虾仁，撒少许盐、黑胡椒、辣椒粉，将虾仁两面煎至变色就可以出锅了。

3. 平底锅不用洗，直接炒洋葱丁，炒至上色后放入蒜末、白葡萄酒、淡奶油、帕马森芝士碎、盐、黑胡椒。

4. 将煮好的面条和虾放入平底锅，搅拌均匀，最后撒上少许香菜、芝士碎。搭配帕尔马火腿味道非常不错。

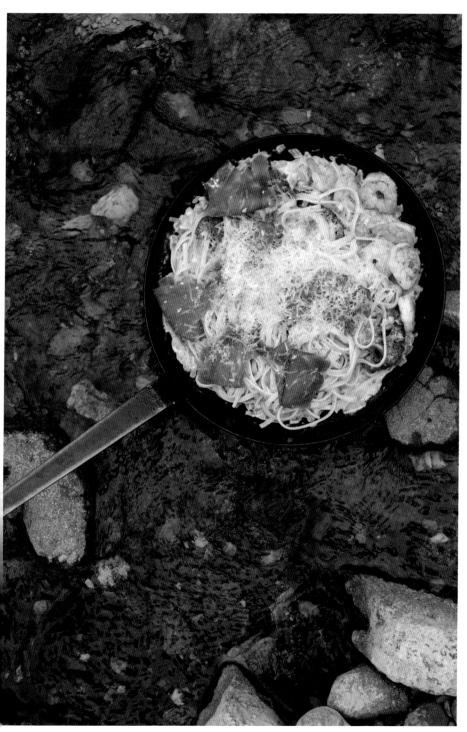

面姓什么是由卤决定的

意大利面口感劲道、耐煮，且不容易坨，最重要的是面本身没有什么味道。其实不用总把它当作西餐食材来看待，意大利面有很多种类，便携且容易保存，完全可以替代挂面。

做法：

1. 意大利面煮好备用。

2. 用平底锅小火煎蒜片，然后转大火，放入葱花，再倒入炖牛肉汤。

3. 汤汁烧开后将煮好的意大利面放入平底锅，和炖牛肉一起搅拌均匀。

4. 可放入适量迷迭香碎、青柠汁或柠檬皮、辣椒粉、tabasco辣椒仔酱（可以都加，也可以只加自己喜欢的，它们主要起到了解腻和平衡口味的作用）。

家常主食

IT 版煎饼果子

我的一位营友是天津人，江湖花名"IT"，他做的煎饼果子让我佩服得五体投地，以至于直接跟他要来了做法。

做法：

1. 绿豆面和小米面按照 2:1 的比例混合。

2. 面粉中放入一勺盐或鸡粉、少许五香粉或"十三香"，和匀。

3. 向面粉中缓缓倒入矿泉水，搅拌至糊状，用汤勺盛一勺面糊观察稀稠程度，有很丝滑的感觉即可。

4. 使用至少 10 毫米厚的圆形铁板，先加热铁板。如果用卡式炉，若铁板边缘还是温热的，则表明温度还不够，可以将少许面糊涂抹在铁板边缘观察面糊的熟度。

5. 盛一勺面糊倒入铁板中央或一侧，用专用的煎饼推子轻轻刮出一个圆形。如果很难刮

动，一定是用力太大，或者面糊过于黏稠。
圆饼不均匀处可以打上1~2颗鸡蛋填补。如
果喜欢吃熟葱花，这时可以在鸡蛋上撒一些。

6. 观察鸡蛋熟度，用铲子将面饼与铁板铲至
分离，这时需要翻面，翻面时用手捏住面饼
的上沿，快速翻面。如果不好翻或面饼断开，
则说明与铁板接触的那一面火候还不够。

7. 翻面后涂抹调料，纯正天津风味可以使用
利民甜面酱和天津蒜蓉辣酱，并放入油条包
裹。如果喜欢吃生葱，这时候可以撒上适量
葱花。

* "IT"的独门秘籍是用黄瓜来抹油。

茴香馅饼

茴香好吃的秘诀在于茴香本身，因此尽量不要过度调味，把茴香本身的香味激发出来就好，这是我妈教给我的，因此茴香鸡蛋馅可能吃起来比茴香猪肉馅的更鲜。

做法：

锅中多放食用油，打入蛋液，鸡蛋要尽量炒碎，大约8分熟的时候关火，将鸡蛋留在锅里稍微冷却。加入葱花和切碎的茴香，随后加入酱油、腐乳、盐、黑胡椒，拌匀即可。

好吃的茴香馅饼咬开以后，通常茴香还是嫩绿色的。

茴香像绿茶一样脆弱，适度的热量可以激发它们内部的香气，但是过热之后反而没那么香了，甚至会转换成一些不太悦人的味道。因此通常冲泡绿茶要用85℃以下的水冲泡，还可以使用冷泡的方式。但是煎制本身是一种比沏茶激烈得多的过程，怎么能够让馅饼外皮酥脆然而内部的茴香依旧保持鲜嫩？我借鉴了一些煎牛排的经验，那就是厚度——茴香馅饼适合做得厚一些。

饼

烙饼不需要发面，对揉面也没有什么太高要求，因此不但能节省出很多时间，对烹饪新手也比较友好。

有了烙饼就可以做我最爱的食物之一——烙饼卷小葱摊鸡蛋了，再抹上少许灵魂般的黄豆酱，食材虽然简单却每样都不可替代，一口咬下去如同吃到了 Beatles 的音乐一般，味道鲜美且富有层次。

家常炒饼

圆白菜和烙饼的比例约为 2:3，若圆白菜过多会增加更多水分，不但会影响口感，还会损失美拉德反应产生的香味。

做法：

1. 热锅冷油，放入蒜片爆香，马上倒入圆白菜。
2. 圆白菜炒出香味后放入饼丝翻炒，如果觉得饼有些干可以加少许食用油。
3. 出锅前加入蒜末和盐，拌匀就好。

饮品

要说哪一种饮品跟露营最搭配，我觉得必须是来自草原的奶茶。
正宗的内蒙古奶茶是咸味的，十分解腻，搭配不同配料可以从
早喝到晚。

摄影 / 暖色

奶茶

做法：

用壶或不锈钢锅烧水，水烧开后先煮黑茶，待茶汤上色后加入牛奶、盐，最后加入一点点黄油增加香气。喝的时候可以在奶茶中加入炒米、粿条、馓子，这是一种非常独特并且让人很容易爱上的口味。

Sangria

红酒版：

一个橙子切片，边角料可以挤汁；

一个苹果带皮切片（青苹果效果更好）；

一个柠檬切片；红葡萄酒

混合后放入冰箱冷藏 4~8 小时（更入味），喝的时候可以加入雪碧和冰块。

白酒版：

芒果粒、橙子切片、草莓切片、树莓、白葡萄酒、白兰地

混合后放入冰箱冷藏 3 小时以上，喝的时候可以点缀少许薄荷叶。

热红酒

主要配料通常有：香料、水果、蜂蜜和干邑，当然最重要的就是廉价的红酒。

从口味上说我一直不太喜欢热红酒，总觉得就是一锅炖肉没有放肉……但是热红酒自带温暖的氛围感，是寒冷日子里舒适的饮品。尤其是当你面对一群能喝的人，先用便宜的红酒让他们喝饱……

关于冰

通常我们自己用冰格冻的冰块或者冰球都是磨砂质感的，而且越到中间越不透明。因为冰冻这个过程是从外到内的，外面一层冻上后，空气和杂质被困于其中，然后渐渐被"赶"到中间，最后完全冻上，空气和杂质被挤压得到处都是，导致整个冰块都变得不通透，这就是为什么我们用冰格冻出来的冰块永远是灰突突有磨砂效果的原因。

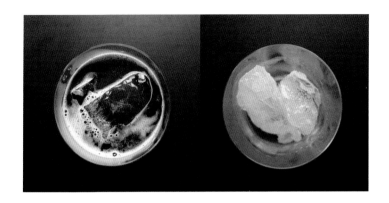

关于如何冻出通透的冰块，网上有很多教学视频，试过之后觉得太麻烦了。下面跟大家分享我的偷懒方法。

只需记住两个重要原则：1. 水越纯净越好；2. 冰块越大越好。我通常使用纯净水冻冰块，并用早年购买的小号保温箱当作冻冰的模具。注水之后放入冰柜冷冻 48 小时以上。

将冻好的冰从容器里取出，观察后会发现，靠近中心的部分区域是不透明的，但大部分还是非常通透的。马上对冰块进行切割，将透明的和不太透明的分开收纳。我通常会将不透明的用于搭配冰咖啡之类的饮品，而将透明的搭配威士忌等质地相对透彻的饮品。

露营喝的东西跟平常也没什么分别，只不过要更多考虑到运输和温度问题。饮品对适口温度的要求似乎比食物还要严格一些，为了在户外也能喝上一口让人觉得"是那个味儿"的东西，就得提前做功课，现场再随机应变。

露营喝什么本是一件非常个人的事情，没有对错之分，但是对饮酒的量应该加以控制。因为露营过程中经常跟刀、火、燃气之类打交道，帐篷内空间狭小，营区的道路也不平坦，地上还布满了风绳、地钉、木柴等物品。营地对醉汉并不友好，至少在我自己认识的人里就发生过几次因为喝多了而引发的意外事件。露营时醉酒可能比很多人想象中危险一些。

　　　　　　　　　　　　/ 一切与露营无关 /

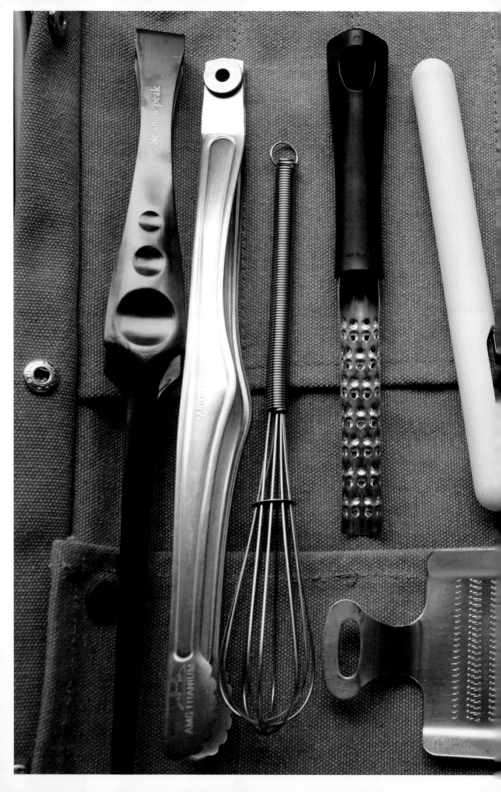

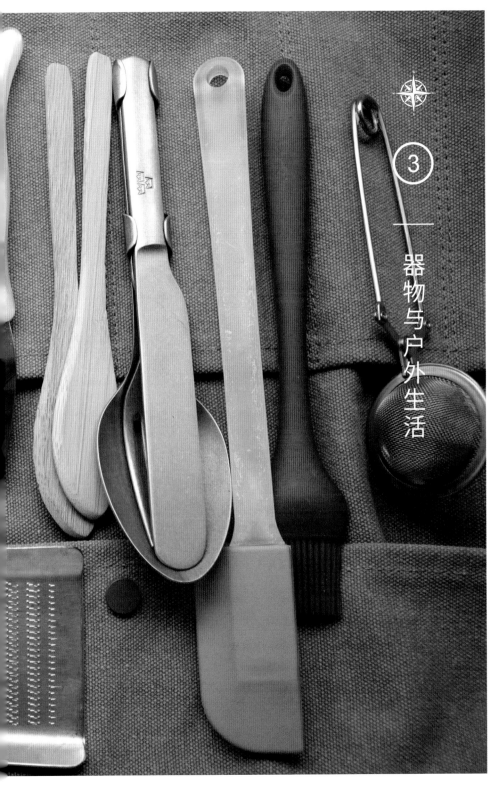

3

器物与户外生活

露营需要啥

露营需要准备什么？大概要花多少钱？每次被问到这两个问题的时候我都会用开玩笑的方式蒙混过关。因为涉及很多方面，认真回答的话恐怕要说很久，并且不是所有人都能理解。

露营所需其实就是生活所需，包含衣食住行，虽然某些物品的长相跟日用品不太一样，基本功能却是一样的。

例如：

▲ 掩体：帐篷、天幕

🚗 交通：车辆

🪑 家具：桌、椅、储物用具

🔥 火具：柴火取暖炉、焚火台等

✖ 餐厨系统：锅碗瓢盆、炉灶、保温箱、垃圾桶

zᶻᶻ 睡眠系统：气垫、睡袋、毛毯等

💡 照明系统：电灯和非电灯

👕 衣物：多种衣物，以适应天气多变

🥛 基本物资：食材、水

🛍 生活耗材：垃圾袋、卫生纸、厨房纸、铝箔纸等

🪥 盥洗用品：肥皂、牙具等清洁用品

/ 一切与露营无关 /

至于开销大小就因人而异了。以我为例，我不喜欢买奢侈品，一切从实用出发，按理说算是比较省钱的人，但我好奇心重，并且爱好广泛，似乎钱也没少花。我经常这样安慰自己：成长是要交学费的，获得的经验比花掉的钱更加宝贵，我的财富在以另一种方式陪伴我……

露营让我很好地体会到了消费升级的全过程。

一开始什么专业装备都没有，全靠身体好。体会过挨饿、受冻之后才意识到温饱是大问题，要好好解决。好不容易装备配齐全了，能生活了，又开始为提高审美和舒适性而升级装备。

进入到消费升级阶段，钱花得比较快，不过看似像个冤大头一样不停地买买买，实际上也是了解自身需求，同时提升眼界、积累常识和技能的过程。

消费到达某个阶段后又开始做减法，太多的物品与其说是财富，不如说是一种拖累。当我意识到生活品质才是重点，物品只不过就是达成这个目的的工具的时候也就没有那么容易落入消费陷阱中了。

我们为什么要用好东西?

因为配得上!既然人生只此一回,我值得拥有高品质的物品。假设凡事都用"凑合"当作标准,这辈子岂不是太亏了。

在《断舍离》一书中有一个关于勺子的案例:

一位女士家里堆满了便利店免费赠送的塑料勺子,她的理由是野餐时用很方便,但是她并不是常去野餐的人。后来在尝试断舍离的过程中她扔掉了一些不常用的不锈钢餐具,却迟迟不愿意放弃这些廉价的塑料勺子。她丢弃了看似更好、更永续的物品,却选择了令自己更有认同感的物品。

最终通过心理分析发现,这位女士属于"自我贬低型"人格,潜意识里有些畏惧那些高价、高品质的物品,反而觉得廉价物品刚刚好。在她心目中她自己就是那些塑料勺子。

如果抱着凑合的态度,觉得"有就行了",很可能被低廉的东西困住了自己的眼界。作为一个"80后",我深深感到使用好产品是一个接受教育的过程,当我使用好的物品时我不禁赞叹:原来是这样啊!原来还能这样啊!好产品能够让我们看到更多的可能性,也能让我们不断重新认识自己:原来这种口味更适合我,原来这种感觉更舒适,原来这种事情我可以解决……

有时候一个好的物品还能引领我们进入一个新领域。我当初被 Leica M6 相机引入了摄影领域，被 Gibson 吉他带入了音乐领域，被精致的手冲器具引入了咖啡领域，很可能也是因为经典的锅具才开始挑战某个菜系……

我曾经在日本的一个集市上错过了一只非常好看的钓鱼包，它是由藤编和帆布拼接而成的，具有浓郁的复古气质，并且非常适合路亚和飞钓。然而那时我对钓鱼的认知还仅限于台钓，更准确地说还停留在认为它是属于大爷们的娱乐休闲活动上。集市上我虽然一眼就看中了这只钓鱼包，不过当时只是单纯地被造型和质感所吸引，最终被价格吓退了，这么一个旧旧的家伙居然要价两千多元人民币。

后来的几年里我经常会想到那个包，无数次后悔为什么当时没有买下来，尤其是后来开始玩路亚后不禁感慨，也许当初买了那个包，能让我提前好几年打开路亚这扇门。

为什么而买单？

"性价比"在我成长的年代通常被理解成物美价廉。在我看来，这其实是一种想占便宜的思想。

俗话说：买的不如卖的精。一块西冷牛排售价 280 元，但是某家超市只卖 28 元，你觉得捡了个便宜。实际上这块肉可能只值 10 块钱，商家用了价值 10 块钱的科技手段美化了它。

很多露营装备中的"平替"也属于这种情况，看似占了便宜，实际上那些就是属于你的"塑料刀叉"。

我相信物品的品质、性能和价格之间存在一种正向的比例关系，好的东西就应该是一分钱一分货。

为设计买单？

消费主义时代经常听到"为设计买单"这句话。好的设计带给人惊喜和启发，从只买便宜货到尊重设计并且购买原创产品，绝对是一种进步。

有些设计真的十分打动人，让我们情不自禁去买单。

但即便是知名品牌，每年可能也会推出一定比例的"失败品"，它们虽然自带大品牌的优良基因，但本身并不是成熟的产品，有可能只是用来试水、博眼球或者抢占市场用的过渡产品，很快就会被市场淘汰，或者被升级换代了。

随着越来越多充满设计感的物品被我们拿到手里又扔到角落，我甚至开始对"设计"这个词多了一份警惕。不知道他们真正在用心设计的是产品还是消费陷阱？

长得像杯子的杯子

露营产品的设计感通常体现得较充分，各种拆卸、折叠、组合、反转、模块化、兼容性等简直如同玩具一样让人爱不释手。

当我们沉浸在这种由设计带来的美感与精致当中时是否

忽略了什么？例如：它们有没有更好地帮我们解决问题？当设计本身成为一种卖点，就自然产生了许多精巧却无用、精美却难用的东西。很多商品为了刺激消费是被过度设计的，这个现象不只在露营中体现，在生活中早就是一个普遍现象了。我们是否不知不觉迷失在了消费主义制造的美好幻境中，早已忘记了消费的初衷。

之前在书中看到的一句话非常打动我："长得像杯子的杯子才是永恒如新的经典设计[①]"。美观与实用是不可分割的两个要素，外观的美感本身也是一项很实用的功能，因为它会影响使用者的心情，但是美感也一定要存在于实际的使用价值当中。

物品的意义是帮我们解决问题，而不是给我们制造更多的问题。杯子要有杯子的基本素养，比如：摆放平稳、把手易持、材质便于清洁、口沿触感舒适等。另外，选材和形状是否考虑到了用途？比如：用紫砂做成咖啡杯，用薄铜片打造成茶杯可能都不算是好主意。选好杯子还只是第一步，用这个杯子将什么东西送进嘴里才是真正体现品质的关键。

露营是一种极简主义生活实验，思考露营需要什么，也帮我找到了生活究竟需要什么这个问题的答案。如果一切从生活品质和幸福感出发，露营也好、生活也罢，或许都不需要花费特别多的金钱。

[①]注释：来自《永恒如新的日常设计》一书。

摄影 / 史楠

在接下来这个章节里会分享一些我比较喜欢的物品、选择物品的思路，以及使用和保养心得等。

桌

各式各样的小桌在露营和日常生活中发挥着巨大作用。

Reforged 实木折叠小桌，款式非常现代，与家居
和谐搭配。

/ 一切与露营无关 /

"素元"折叠桌，这个小桌可以单独使用，也可以配合飞机箱使用。

Outdoor Yogui三脚架桌板。
很多品牌都生产三脚架桌，
虽然无从知道它的创意来源，
但是我依然要表达一下对设
计师的敬意。此产品最大的
意义就是让大部分闲置的三
脚架有了更多的使用场景。

轻量化组合桌。轻量、便携，
野餐时也可以使用。

/ 一切与露营无关 /

中古家具店里买到的折叠小桌，轻便好用。由于铜制框架不怕烫，夏天的时候刚好可以配合蚊香使用。

椅

Coleman 躺椅
具有三段式可调
节靠背，在家里
也是我最爱用的
椅子之一。

Coleman 双人椅
这种双人椅更适
合单人使用，缺
点是收纳后尺寸
较大，便携性差。

Kermit 椅

户外领域的 Kermit 不亚于家居领域的
汉斯·瓦格纳[1]。

①汉斯·瓦格纳：20 世纪最著名的家居设计大师之一，有"椅子之王"称号。

Helinox 椅

具有极佳的舒适性和便携性，野餐和旅行时都适合携带。

关于刀

/一切与露营无关/

小刀

Marttinii 小猎刀：这是我拥有的第一把小直刀。2017 年造访芬兰罗瓦涅米购买的一个旅游纪念品。因为猎刀不太适合露营时使用，因此至今没找到适合的用途。

Opinel 折刀：价格亲民的木柄折刀，有"法国人的第十一根手指"之称。
2018 年去环法自行车赛拍摄的时候，因为想体验一下当地人的野餐式观赛方式，在当地的杂货铺初次邂逅了 Opinel，之后它便成了我平时常用的小刀。如今我已拥有四把 Opinel：12 号不锈钢刀处理蔬菜，10 号刀当作餐刀和酒刀，9 号碳钢刀用来处理肉，12 号面包刀买得有点多余。

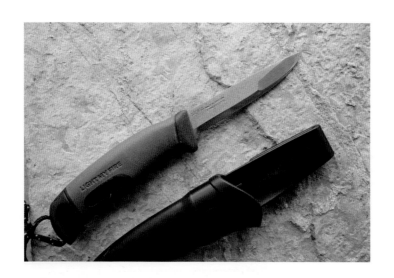

莫拉 Mora 户外小直刀：这是一把性价比很高的实用级户外刀。2017 年我去英国旅行，其中一晚住在一个木屋营地，为了能自己简单做顿晚饭，就在路边的户外店里买了一把非常便宜的小刀，后来玩了露营才知道那就是大名鼎鼎的瑞典品牌莫拉 Mora。这把小刀陪伴了我数次露营，因为便宜并且好用，所以关键时候下得去手，唯一的缺陷就是不太耐用，每次露营回来都要磨刀。

碳钢小直刀：硬度和持久度均很优秀。由于容易生锈，因此不太适合处理蔬菜水果。但是处理肉的时候非常好用，能轻易切断筋和软骨。

/ 一切与露营无关 /

厨刀

厨刀售价通常并不昂贵，但这是一个传统且专业的领域，因此我不太会考虑户外品牌。

以下是我在户外和家里常用的款式。

1. 塞尔维亚厨刀

款式起源很难追溯，外观很像长胖了的三德刀，又具备中式厨刀的一些特质，价格低廉、一刀多用，非常适合户外使用。这款刀因社交媒体上的户外美食账号 "Almazan Kitchen" 而被大众所熟知。

2. 三德刀

三德刀融合了日式厨刀和西式厨刀的特点，是应日本家庭需求而诞生的现代款厨刀，非常轻便，能够处理蔬菜和肉类。我这把三德刀是在日本拍摄《飞买不可》时购于一个老人家开的刀铺，硬度和持久性都非常好，是我日常和露营中最常用的厨刀之一。

3. 菜刀

现在大部分家庭的厨房中都备有西式厨刀，它们漂亮、精致，又带着品牌光环。不过我们大部分人的日常饮食还是以中餐为主，中餐备菜对蔬菜和肉类有自己的要求，因此会经常使用直刀切、推刀、铡刀，还有劈砍等刀法，菜刀就是根据这些需求而诞生的。如果你尝试过用西式主厨刀切土豆丝的话恐怕就能理解我的意思了。

中国厨师号称一把菜刀走天下，这句话更多表达的是中式菜刀质朴的外表下包含了很多功能，看似没有设计的设计包含了因功能性而保留下来的很多细节。如今在一些外国料理爱好者中都有了很多 "Caidao" 的拥趸。

如果你认为中餐厨师只有一把刀就完全误解了。
不算上雕刻刀的话，中餐还有切片刀、桑刀、
文武刀、斩骨刀、烧腊刀、拍皮刀、片鸭刀等，
不同地区、菜式的需求逐渐孕育出不同种类的
刀具，不了解的话会觉得它们长得都差不多，
就好像外国人觉得亚洲人都长得差不多一样。

/ 一切与露营无关 /

户外砍刀

砍刀比斧头轻便,通常价格合理,而且多用。不但可以劈柴、切菜、斩骨,就连控火、通炉灰这种工作也可顺手用它来完成。

斩骨方法

将这块猪棒骨从中间砍断并不需要多么
大的蛮力或者多么知名的刀具，只需在
骨头中间轻轻砍一刀，旋转一下再砍。
如此围绕大棒骨的"腰部"轻轻砍4~5下，
最后利用刀背用力敲击一下，骨头就会
应声断裂，无论人还是刀都不用担心会
受伤。

关于刀的一些误解

一把很贵的刀怎么才用了一阵子就钝了？

刀刃的耐久度与刀的材质、使用方法，还有案板都有关系，就材质而言，硬度越高耐久度相对就越好。但是刀的用途和用法不一样，并不要求每一把好刀都要用硬度很高的钢材。另外，案板也是一个常被忽视的问题，比如胡桃木的案板因为硬度高就比银杏木的更伤刀一些。

刀生锈了代表它质量差？

刀生锈代表含碳量高，也就说明刀的材质硬度相对较高。很多专业人士会专门选择高碳钢打造的刀具，切肉刀很适合这种材质，每次用完拿干布擦干净就好了。水果刀则不太适合，因为常年和汁水打交道还是选择不锈钢材质为最佳。

买了把很知名的刀为什么切个土豆都费劲？

切片时的顺滑感除了跟刀锋的锐利度有关系之外，也跟刀的厚度有关系。越厚的刀受到的阻力就越大，所以通常切片刀都很薄。很多专业刀具在设计的时候有明确的用途，有时候一把刀用错了地方就会感觉不太好用。比如斩骨刀通常设计得如同斧子一样笨重，属于厨房里干粗活的专用设备，用来切西红柿肯定是费力不讨好的。

没用几下刀就"崩"了

厨房里的刀具也有粗活和细活之分。曾经送朋友一把很好的三德刀但是没过多久刀刃就被砍坏了，刀尖也缺了一块，看起来惨不忍睹。其实原因很简单，三德刀这类的刀因为本身兼顾了切片功能，一般都比较薄，刀角也比较小，是不能当作砍刀来使用的。

磨刀

曾经听朋友感慨小时候扛着板凳走街串巷的磨刀师傅已经越来越难见到了，语气中充满惋惜。事实上以前的很多职业都逐渐消失了，这本身是时代的进步。扛板凳的师傅已经处理不了现在种类繁多的专业刀具了，新一代的磨刀师傅们有了自己的工作室和店铺。我最常用的一把三德刀购于日本银座的一家店铺，老板就是专业磨刀师傅，听说很多顶级大厨都找他磨刀。

如今国内也有了一些新派磨刀工作室，磨刀师傅们的专业技能也更加细化。

自己磨刀

把磨刀理解成如擦鞋一样日常的事情就好，而且比想象中要省事得多。家庭用刀使用频繁的每个月磨一次就好，一次大约磨 15 分钟。普通刀具都可以按照这个流程来磨，每一面磨同样的时间或者次数，确保刀锋的每一个位置都被均匀打磨。我的习惯是先磨刀根，然后磨中段，最后磨刀尖，翻面后重复这个顺序。按照这个顺序先用 1000 目打磨，之后再用 3000 目，偶尔用 6000 目精磨一下。磨的时候双手要确保刀的角度和力度保持稳定。

注意：磨刀过程中会出现脏脏的浆水，浆水有助于研磨，磨刀过程中一定不要清洗。

左起: wet stone 磨
刀石、修正石、人造
砥石

磨刀石的选择

1. wet stone (通常指白刚玉材质的磨刀石)

浸泡在水中约15分钟就可以使用了。1000目的
一面为粗磨, 3000目的一面为细磨。

2. 人造砥石

无须浸泡在水中, 但使用过程中需要不断向表面
淋水。

3. 天然砥石

4. 多功能便携磨刀石

金刚砂材质, 无须淋水就可以使用, 适合随身携
带, 让刀或斧随时保持良好状态。

天然砥石

多功能便携磨刀石

这款便携式磨刀石真可谓麻雀虽小五脏俱全，它体积袖珍却包含粗磨、细磨、陶瓷棒、皮革四个打磨面，本身还预置了定角器。无论户外还是日常使用都非常适合，尤其适合研磨斧子和相对短小的刀具。

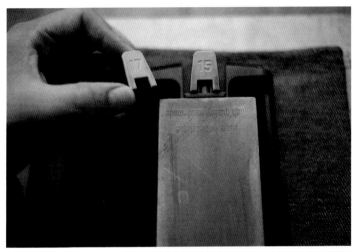

刚开始尝试自己磨刀的时候可以选择这种简单的"定角器"。

生火

多年前一个朋友在胡同里租了个小院儿，周末邀请我们过去玩，那是一个非常愉快的下午，大家一边喝着工夫茶一边畅聊。转眼到了饭点儿，主人提议在院子里烧烤，结果问题来了，这群有思想、有文化、有知识的当代文艺青年们竟然面对这堆炭全都束手无策，为了引火想尽了办法，报纸燃成的灰被风裹挟着在院子里形成了一道黑色旋风……

当时的那种无力感让我记忆犹新，或许那次经历正是让我开始研究生活技能的契机。

几乎没有完美的装备，从小小的打火装置就不难看出，每种装备都各有优缺点，只能根据情况选择适合的。

打火机是生活中最常用的打火工具，因为省事。但是燃气打火机在寒冷天气打不着火，煤油打火机虽不畏严寒，却不太防风。

火柴既不防风，也不防潮，燃烧时间更是短得可怜，可是它更加便携，而且在寒冷、高海拔的环境下依然可以点燃，还能伸到狭小空间里。

镁棒打火是户外生存中最常用的打火手段，因为哪怕刚刚从水里捞出来都能顺利打火。我的出行装备里一般都会备有一根镁棒。

引火

很多露营玩家点燃篝火或炭火时会使用喷枪来引火，这绝对是一个误区。因为引火时不但要摆出难受的姿势且要坚持很久，还会消耗大量宝贵的燃气。

我一般使用固体酒精引火，它容易获取、燃烧剧烈、持续时间长、没有异味也没有黑烟，唯一的缺点就是容易挥发，所以须放在密封盒里冷藏保存。

接下来以机制炭和果木柴为例讲讲如何用固体酒精引火。

1. 机制炭较难引燃，最好把一根长炭切成几段，这样更容易引燃。将炭放进引火桶，可以掺入几根小巧的木柴起到辅助作用。点燃两颗固体酒精后放在引火桶下方，待木柴被引燃后用火钳捡出放到引火桶下，直到所有的炭表面发白就可以了。

2. 果木柴不容易劈开，因此很多时候需要利用整根的木柴起火。将几根木柴并列在一起铺底，在正中央位置放上两块固体酒精，随后将每两根木柴组成井字形堆起。井字形起火法利用了烟囱效应，是点燃木柴最简单有效的方式之一，配合固体酒精使用非常合适，正常情况下只需点燃酒精块即可，几分钟后就能引燃所有木柴。

一切与露营无关

劈柴

斧头是人类历史上最悠久的工具类型之一，至今仍然保留着这种强悍、粗犷的原始基因。你可能经常在网上看到那些"BC"高手们的视频，看着他们一把斧头所向披靡，砍树、劈柴、开路、搭建庇护所，无所不能，看着看着就觉得自己也得有一把。但事实上很多人行囊里背着的那把沉重的斧头在露营时完全派不上用场。

斧头在英文中有 Maul、Axe、Hatchet、Tomahawk 等名称，它们在尺寸、材质、造型和用途上各有不同。并不是所有的斧头都可以搞定你眼前的柴，因为斧头不同，柴也不同。

刚开始露营时曾经买过一把非常便宜的斧头用来劈柴，当时感觉仿佛面对的不是柴，而是一面墙，没过多久斧头也就变得伤痕累累，当然原因是多方面的。

首先是斧头的选择

选择斧头重要的参考标准: 重量、形状、长短。

1. 厚重的斧头在举起时需花费一点力气, 但是向下劈砍时却十分省力, 依靠斧头自重和下落速度就可以了。而较轻的斧头虽然举起来容易, 但是落下去要十分用力, 否则很可能没有什么效果。

2. 长柄相对短柄来说不但挥动起来力量更大, 也比较安全, 即便没有命中目标也不容易砍伤自己。

3. 形状: 厚实的斧身比单薄的斧身更适合将木头分开, 因此通常专门用来劈柴的斧头都被打造得异常之厚, 有的简直如同锤子一般。劈柴是粗活, 尤其针对较大的木柴, 对斧刃是否锋利的要求并不高, 最主要的就是下落的力量和将木头分开的力量。

轻薄的斧头相对更适合削砍, 因此很多木工斧都做得非常薄。用这种斧头来劈硬柴的话, 不但容易将斧头卡在柴里, 还容易令斧刃受损。

/ 一切与露营无关 /

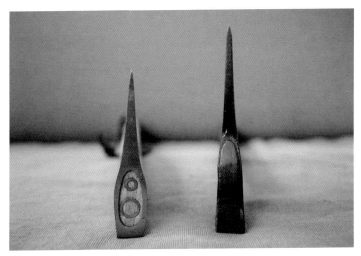

左：多功能手斧；右：木工斧

劈柴斧

其次是柴的选择

假设你获取木柴主要是通过网上购买的话，建议你认真阅读下面这段文字。

网上可以买到的木柴主要是苹果木、枣木、荔枝木、松木等，其中松木不太适合当作木柴，而其他几种果木柴以苹果木为例，从下图中的纹路和密度就可以判断，能劈开它的斧头恐怕都不太便携。我见过很多人在露营时和我当初一样，试图用柄长30多厘米的小斧头和一根苹果木较劲（或许是需要用小柴来引火，抑或因为焚火台、炉子等设备太小的缘故），通常一根柴还没劈开就已经大汗淋漓，好不容易砍开了一个小口，斧头却被牢牢夹在里面。

果木是非常好的柴火，相对比较耐烧，可以用来熏烤。如果没有专门的劈柴斧，建议在购买时就选好尺寸。

左：白桦木；
右：苹果木

/ 一切与露营无关 /

废柴

不是所有木头都能当作柴火。

1. 新木

新砍的木头点燃后烟较大，不容易点着，因此在野外通常都是去收集枯枝而不是去砍树。网上买到的木柴有不少是为了充数，含水量比较高，若买到这种木柴最好保存一年再使用。

2. 软木

有些人会将快递打木架的木头留下来当作柴火，但是这类木头通常都是松木一类的软木，含有很多油脂，燃烧时易起黑烟，不仅有很大气味而且容易附着在烟囱内部，影响排烟效果。

3. 科技木

木材加工过程中，有高压以及化学等处理方式，这些处理法能够使木材达到有效的防虫防腐、不易变形、开裂等目的。此类木材在燃烧时有释放毒性的风险。

4. 其他

还有一些在燃烧中会释放难闻气味的木头，以及潮湿、发霉、腐烂的木头等也不适合作为柴火。

假设你面对的不是硬木，我们就有更多的方法对付它们

1.将斧头抵住木柴的一端，双手握住另一端，举起后利用自重敲在树桩上，仅需砍一两次，斧头就可以击穿木柴，这时只需扭动几下，木柴就会从中间裂开。注意：因为斧头可能已经微微砍入了下面的木桩，所以一定要扭动木柴而不是斧头。

2.刀和斧的形状、重量不同，因此劈柴的原理也不同。用刀劈柴更多是利用了另一根木棒锤击刀头的力量，以及用锋利的刀刃将木柴分开。

刀的优势在于可以分割比较小的柴，或者将用斧头劈开的柴进一步分割成更细小、易燃的状态。

折叠锯

锯的作用是将长树枝或者长木条截断，并且在这项操作上远胜
于斧头和柴刀。将两根长树枝截成短柴仅需一分多钟而已，且
费不了什么力气。

较长的锯工作效率更高，而小巧的锯除了更加便携之外还能让
你在一些狭窄的环境里施展技艺。

/ 一切与露营无关 /

炉灶

炉灶的选择范围很大，有不同尺寸、不同燃料，以及截然不同的外观设计。选购时最重要的一点就是符合你的需求。

便携式炉头

摄影／曹英俊

Snow Peak 可折叠卡式炉

一切与露营无关

1.便携式炉头适合徒步或者极度精简装备的露营，由于承重和稳固性比较差，适合加热钛杯、户外水壶等小型平底容器。但是哪怕是在重装露营的时候我也会带上一个用来烧水或者当作备用炉头。

2. 我非常喜欢 Snow Peak 可折叠卡式炉，但是综合考虑了各种因素之后还是更倾向于放在家里使用。和传统的家用卡式炉比起来，它燃烧更充分、颜值更高，而且更便于收纳。

3.Trangia 风暴炉不只是一个便携炉灶，更是一个好用的料理套装，它与瑞典军用饭盒颇有渊源。

4. 瑞典军用饭盒是 Bush Craft 玩家们的心头好，配有一个酒精燃烧器。

5.Snow Peak 制造的现代款板凳炉。由于火力大且承重能力强，是我户外餐厨系统的主力炉灶，因为可以配合 IGT^①系统，有时候在工作室里喝茶、吃火锅也会用。

6. 其实所谓板凳炉只不过是爱好者口中的一种通俗叫法。早期的板凳炉往往是为家用而设计的小型炉灶，图中是品牌 Svea 在1970 年代左右制造的油炉。

---

① IGT：Snow Peak 品牌专为户外餐厨设计的一套移动厨房系统。

Trangia 风暴炉

/一切与露营无关/

瑞典军用饭盒

/ 一切与露营无关 /

Snow Peak 现代款板凳炉　　　　　Svea 板凳炉

餐具

金属餐具的优势是在户外可以加热。户外没有微波炉，想要给食物保温需要将餐具放在火源附近。无论是不锈钢、搪瓷还是钛合金材质的餐具，都非常适合在户外使用。

注意事项：将金属器皿放在篝火边保温时，面向火的那一侧往往会特别烫手！

1：Plat Champ 搪瓷碗

2：BAREBONES 搪瓷盘

3：日用搪瓷碗

4：Snow Peak 钛合金单人锅

中古合金小碟

想要便宜好用，而且还不容易跟别人撞款，一定要考虑中古物品。
当初从集市上很便宜淘来的东西如今都成了我露营时的心头好。
其实有不少日本的露营品牌一直在中古物品中挖掘设计灵感，
但是他们的价格可就高多了。

中古花边小碟

木质餐具

木盘子非常方便，不仅是餐具还可当作案板。无论制作还是享用，
一盘搞定。

木作是一个实用的爱好，过程很治愈，还经常能做出一些日常可用的器物。能把脑海中想象的东西做出来太开心了！

自己DIY的两面用面包板

自己DIY的木质餐具

芬兰 Kupilka 合成木餐具

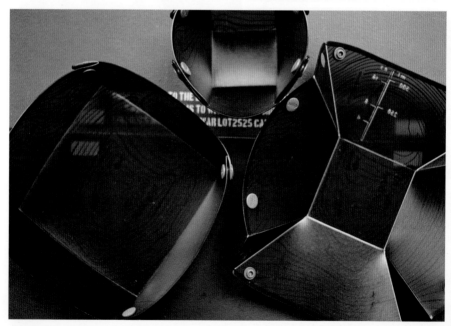

Fozzils塑料折叠餐具，是为徒步而设计的折叠盘，折纸般结构，按扣式设计，是我超爱的便携多功能神器。

/ 一切与露营无关 /

锅

一切与露营无关

铁

铸铁锅 / 荷兰锅

并不是所有的露营产品都是为了露营而发明的，比如荷兰锅。荷兰锅早在 18 世纪就出现了，据说是英国人根据荷兰人的铸铜技术制造出来的一种厚重且具有一定密封性的锅具。它不仅价格低廉，而且坚固耐用，从诞生起就注定会成为一件可传世的厨房重器，无论煎、炒、炸、炖、烤，全都游刃有余。

如果露营的时候只允许带一口锅，我想我应该会选这只 Lodge 品牌的 12 寸荷兰锅。Lodge 是一个历史悠久的专门生产铸铁厨具的美国家族企业，无论品质还是价格都是当之无愧的市场标杆。同样的锅如果售价比 lodge 高可能因为品牌溢价或者成本没把控好，如果比 lodge 低则很可能是在工艺、材质上打了折扣。

在网上搜索"荷兰锅"会看到不同的款式：户外款有脚、有提梁，盖子上有遮挡炭灰的边缘；家用款的锅盖还能当平底锅来使用，相当于由深、浅两口锅组成。

优点：

铸铁锅受热均匀，用它煎出的牛排很少会出现中间焦煳两边不上色的情况。一般的锅即便在烧得很热的情况下，在食材放进去的一瞬间还是会导致温度骤降，最终导致菜品色香味受到影响，而铸铁锅能够积蓄更多的热能，可以有效避免这个问题。另外，铸铁锅密封性能相对较好，有一定的焖蒸效果，用来炖肉、焖饭、煲汤，效果都可以事半功倍。

缺点：

铸铁锅十分厚重，力气小的人估计拿不动，除此之外还有容易生锈的问题。

我们先看看哪些使用方法容易导致铁锅生锈：

1. 刷完锅后未经烘干就直接收纳，哪怕残留几滴水也可能导致生锈斑。

2. 用铁锅烧水或煮面时破坏了保护膜，哪怕及时烘干了，一段时间以后也容易产生锈迹。

3. 使用洗涤灵刷锅，破坏了保护膜。

4. 放在火上干烧太久，破坏了保护膜。

5. 不少人习惯在用完锅之后先用水泡一泡，把残渣倒掉，然后烧一锅热水，最后加入洗涤灵来清洗。这种做法可以说是百分百管用的生锈套餐，不少用惯了不锈钢锅具的人都会习惯性使用这套"组合拳"。

6. 用洗碗机清洗，破坏了保护膜。

养成正确的使用习惯

铸铁锅之所以能不生锈、不粘锅，得益于油脂经过高温在铁表面形成的一层保护膜。民间有一种说法：铁锅越黑越好用，其实指的就是这层保护膜。很多大品牌的铁锅出厂时都施了保护膜，按照厂家说明"开锅"以后就可以使用了。

日常使用后用清水刷锅，然后用火烤干。

在户外因为水资源有限，我更多是用纸擦、用火烧。火能杀菌，还可以将粘在锅上的东西碳化，很好清除。

珐琅锅

珐琅锅相当于把铸铁和珐琅工艺结合在了一起。在铸铁的表面覆盖上一层釉面，这种天才组合有效解决了铁锅生锈和不宜储存食物的问题。但是由于锅表面的珐琅层比较脆弱，并且容易出现染色等问题，因此不太适合在户外环境下使用，还会给清洁工作增添巨大的工作量。

/ 一切与露营无关 /

铸造工艺之外还有锻造工
艺。喜爱日本匠人利用传统的热锻
方式制作的平底锅，也是我最常用
的装备之一。它更加轻薄，有可拆
卸的手柄，方便携带，我在家里还
经常用它作烤盘。

"开锅"

我痴迷于铁锅是因为它完全符合我对物品的选择标准，即：好、好用、耐用，最好还能多用。好指的是物品本身的品质，好用是指它能否恰当地发挥作用，同时不会给我制造麻烦。耐用是指延续性，如果很容易坏掉或者被迭代的话也说明物品不够好，我喜欢历久弥新的东西。最后，如果还能多用的话就更加分了。多用就会更常用，降低了物品闲置率，也节省了储存物品的空间。多用途飞碟锅的设计将传统与现代、东方与西方结合在一起。作为一口无涂层的铁锅、一个餐盘，同时又是一个烤盘，极大地提升了物品的利用率，还适应于各种不同的场景。另外，它还为我提供了一个很好的铁锅"开锅"案例。

注意:

"开锅"其实就是帮助铁锅快速形成保护膜。一口状态良好的铁锅一定是黑色的,并且是看起来油光锃亮的,但摸上去并不油。假设铁锅的保护膜被洗掉或者烧坏了,也可以使用同样的方法重新"开锅"。

刚收到飞碟锅的时候有点"雷人",厂家为防锈在锅的表面涂了一层油,然后就用塑料膜包了起来,打开包装不但有黏黏的油迹,还有一股哈喇味。

这种状态的铁器没有办法直接使用,需要认真地"开锅"后才可以使用。

第一步:将锅简单清洗一下,放到火上烘干。

第二步:在锅的内外均匀涂上食用油,放入烤箱230℃烘烤一个小时,取出冷却。这时锅壁已经有了薄薄的一层保护膜,能起到一定的防锈作用,但是还没有办法做到完全不粘。

第三步:重复上一步骤,取出时锅体已经进一步变黑,说明保护膜变得更厚实了。看起来油亮但是摸上去并不油腻,说明保护膜已经形成。

第四步:尝试煎鸡蛋,若完全不粘锅,说明开锅已经完成,可以正常使用了。用这种方式开锅即便长时间放置不用,也能随时使用。

去锈

铁锅生锈的问题最烦人，也是最常见的。这是我朋友的一口锅，只用了一次，用完刷干净就收纳了起来，等到再去露营时拿出来吓了一跳。这口锅刚好可以给我当作去锈案例。

从锈迹的状态不难看出当初收纳时锅中还有不少水，大概是刷完锅直接盖上锅盖就放进柜子里了。

1. 先用可乐浸泡 40 分钟左右，用清水冲洗一下，能够明显看出锈迹变浅了不少。

2. 将锅加热，同时用盐和钢丝球耐心摩擦锈迹。随着盐粒变得越来越脏，锈迹逐渐消失，再次用清水冲洗。

3. 在火上烘干铁锅，之后在内壁涂抹一层食用油（如果要使用的话此时就可以了，如果打算收纳起来请一定要进行第 4 步）。

4. 将锅放入烤箱高温烘烤，直到重新形成保护膜。

铁壶

一直听说用铁壶煮水口感甜，但只是听说而已，当初买了一把铁壶却没玩明白，最大的感受是容易生锈，不好伺候。

直到后来开始玩露营，那会儿常去的营地提供的水源是地下水，由于水质非常硬，我一般都用来当作洗洗涮涮的生活用水。某一天我突然灵光一闪想到了铁壶有软化水质的功能，就带上了一把，果然用铁壶煮过的水质地变得十分顺滑，还带有一丝清甜口感。

铁遇到水容易生锈，而铁壶又能有效地软化水质，因此铁壶和硬水才是绝配。硬度高的水在高温下可形成很多水垢，而这些水垢很容易附着在粗糙的铸铁表面，形成水垢层，水垢层对铁壶形成了一种保护机制使其不容易生锈，我们喝到的就是软化并"过滤"掉水碱的水，可谓一举两得。所谓"养铁壶"指的就是这一层白白的水垢。

/ 一切与露营无关 /

总结一下：

1. 如果日常饮用的是矿泉水、纯净水或者水质比较软的自来水，则没有必要用铁壶烧水，这样做除了容易导致生锈之外没什么太大意义。

2. 水的味道是否甘甜主要由水源本身的水质特点决定，跟铁壶的关系并不大。铁壶主要负责软化水质，它能够改善口感，不太会影响口味。在野外也不是随便一处水源就可以饮用的。

3. 铁壶是不能用来熬中药的，因为容易产生化学反应，影响药性。茶作为中药的亲戚也最好别用铁壶来煮，否则茶汤发黑，且容易有怪味。带涂层的铁壶除外。

4. 当铁壶"养"出了水垢层不要用手碰，也不要刷，每次使用完用火源的余温将壶烤干就好。假设一段时间不用，在使用前最好先烧一壶水然后倒掉，这样可以去除一些不好的味道。

5. 如果铁壶内部微微有了一些锈迹，不用在意，只要烧好的水无色无味就好。

6. 古董铁壶真假难辨，并且往往带有很多锈迹，不适合刚接触铁壶的人。

一切与露营无关！

铝

铝和铜非常具有复古气质，也是我喜欢的材质。

铝不但轻，而且导热性能好，还不易生锈，因此很适合作为户外用具。铝的质感很独特，除了大品牌出品的户外用品外，市场上还能找到很多过去欧美军用和家用的中古器型，有不少设计一直沿用至今。

我在露营时常用的 Snow Peak 野宴锅、KING 无水锅、Trangia 饭盒、暴风炉、BIALETTI 摩卡壶，还有近年来在国内被炒上天价的 WEAR-EVER 咖啡壶等都是铝制的，不知不觉收集了很多铝制品。

让身边很多人接受铝制品稍微有一些难度，因为我们从小就听说铝摄入超标会对人体造成危害，很多家庭早早就淘汰了铝锅。但是长大之后我发现外国人依然很喜欢用铝制品，其中不乏大品牌。这让我不禁疑惑：既然铝制品公认是有害的，为什么在国外没有什么禁忌？难道是我们自己将铝制品妖魔化了？

开始玩露营之后更是有机会接触到大量不同时期、不同国家生产的铝制装备，无论品质、做工还是美观度都非常优秀，这让我真正开始思考铝制品安全性的问题。

最终我得出了这样一个结论：过量摄入铝确实对人体有害，但是只要正确地使用品质合格的铝制品，是不会有问题的。从材质来看，无论金属还是塑料都有一个"食品级"的概念，比如常见的 304 不锈钢就是食品级。如果是非食品级标准，即便是不锈钢制品同样会危害健康。

日本产老铜壶

铜

人类使用铜器的历史悠久，我十分钟爱铜器蕴含的那种沉稳、内敛的特质。

铜易氧化生锈，铜锈对人体有危害，铜元素本身也不太稳定，会跟很多食材发生化学反应，轻则破坏营养物质，重则产生毒素。再就是人体对铜元素的摄入量也不能太多。但是铜的导热性能很好，这一点又很适合烹饪，于是聪明的人类就将锡或铝当作内胆，来制作铜锅、铜壶，现代的铜器制造商更是会将铜和不锈钢结合在一起。现在有很多小作坊为了节约成本，产品没有内部镀层，这种产品应慎重购买和使用。

我以前淘了很多中古铜器，基本上都在露营中使用过。

1. 铜制渗滤壶，中古品。内部镀锡，玻璃盖钮，用料和工艺都算是这类咖啡壶里比较讲究的。

2. 冰桶，中古品。原配的玻璃内胆被打破了，我后来找到了一个尺寸差不多的钛碗放了进去。

3. 锤纹冷饮杯。当初只是觉得挺好看，却不明白为什么叫作冷饮杯。后来发现金属导热快，如果放热饮，烫手也烫嘴。

铜制渗滤壶

铜火锅

/ 一切与露营无关 /

祖传铜火锅

这是我奶奶留下的铜锅，如今传到了我手上，几乎每年都会用它吃几次涮肉，满满的仪式感。

非常好用，比现在火锅店里用的要小巧，也精致得多。

料理小工具

直火三明治机

我很喜欢在徒步和野餐的时候带上三明治机，它便携、多功能、操作简便。可以把它想象成一个小型饼铛，让食物上下都可以均匀受热。不同款式的三明治机有自己的特点，带分隔的、可以给三明治封边的、可以折叠的，还有带图案的等。找到一款适合自己的三明治机可以让露营或野餐变得更加从容。我尤其喜欢用三明治机来烤包子和馅饼，我还尝试过用它煎汉堡肉饼。

/ 一切与露营无关 /

小工具

寻找尺寸合适并且好用的料理小工具是一件有趣的事情。我会把每次出行需要的小工具收纳在一个木工用的工具卷里面。

1：酒刀（海马刀）

2：削皮器

3：研磨器

4：叉子 / 打蛋器

5：刨刀

6：汤勺

7：烧烤夹、镊子

　　　　　　　　　　　/ 一切与露营无关 /

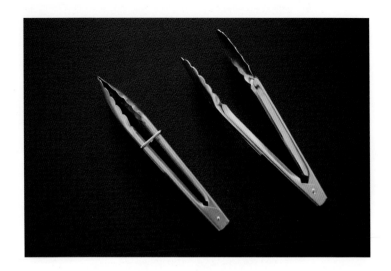

选择露营装备时的一个误区是只着眼于户外产品。由于露营跨越了众多领域，因此就连最有实力的户外品牌也没办法把涉及生活所需的大大小小那么多产品做得面面俱到。

从价格、品质和专业性几个维度综合考虑，我还是更倾向于把专业的事情交给专业的人去办。

我的料理用具中大部分来自专业的厨具品牌，比如 DeBuyer 烧烤夹、Lodge 铸铁锅、贝印厨刀等，但是像户外用的油醋瓶这种反倒是直接购买户外品牌的产品更加适合。

/ 一切与露营无关 /

铝箔制品

就算没有锅，也可以用铝箔纸来料理。用铝箔纸烹饪突破了锅的限制，一口直径 30 厘米的锅大概能做出 3~4 人份的菜量，且只能一道菜一道菜地做。但是只要带上一卷铝箔纸就没有这方面的问题了，每包为两人份，可以分成无数包，扔到炭火上就可以了。用铝箔纸包裹食材加热，有保水焖蒸的作用。

厨房系统

建立属于自己的厨房系统

户外橱柜

飞机箱是国际民航通用的储物箱，里面带有抽屉和隔板等配件，原本就是非常棒的模块化设计，坚固耐用，也很容易买到，非常适合作为餐厨用品的收纳。木质折叠桌是原创品牌"素元"专门为匹配飞机箱尺寸而开发的，名字很有诗意，叫作"奔赴山海"。平时还可以当作茶几或床头柜。

一套较完整的户外厨房系统大致包括：炉灶、餐厨及收纳、水箱、垃圾桶、照明工具、操作台、保温箱等。

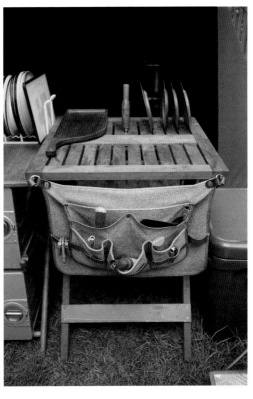

这是"H&K"开发的一款工作围裙，起因是居家的日子里我经常干农活，有一次跟朋友闲聊的时候说需要一款随身的工具袋，没想到他竟然真的设计了出来，而且尺寸恰当，挂在我的折叠桌上刚刚好。现在我主要将它用作户外料理围裙。

操作台

我喜欢用木质折叠桌当操作台，高度适中，质感轻巧却相对稳固，且无须组装，折叠后也不太占空间，最重要的还是便宜，钉上几颗钉子也不心疼。

便携料理箱

如果箱子大小和器物的尺寸匹配，不但能节省空间，还能盛放很多物品。这个淘来的旧铝箱才几百块钱，小巧、坚固，里面简直可承载一个便携式厨房。

/ 一切与露营无关 /

金属箱和软包各有优缺点。金属箱对里面的物品有很好的保护作用，还可以当成小桌子使用。软包收纳物品更方便，因为对尺寸没有那么严格的要求，所以扩展性更强。

照明系统

有很多适合户外使用的照明器具可以选择，就算是家居品牌也推出了不少可以充电的 LED 灯。

从燃料上分：直接燃烧液体燃料的油灯、将燃料通过压力汽化后燃烧的汽化油灯、直接使用气罐的汽灯、使用电池的电灯、蜡烛等。

从亮度和功能上分：头灯、氛围灯、主灯等。

在野外由于没有了都市的光污染，人们似乎也能更好地适应黑暗，因此并不需要将营地照得亮如白昼。除了做饭时需要亮度较高的主灯之外，其他大部分时间只需要一些点光源的氛围灯即可。

说到氛围灯，很多人会想到各式各样的小串灯，毕竟"大白熊[①]"+小彩灯是很多人对 glamping 的第一印象。我至今依旧认为小串灯非常能营造效果，但是更适合帐篷酒店。对于独立露营的人来说，安装小串灯的工作量不小，而且非常容易损坏。

①大白熊："大白熊"是指露营玩家对北欧户外品牌 Nordisk 出品的一款帐篷的通俗叫法。

蜡烛是我最喜欢的氛围光源之一，因为光线柔和，而且操作简单，但是在户外使用蜡烛有一定风险，很容易倾倒并引发火灾。我非常喜欢这款瑞士军用金属折叠灯笼，它杜绝了安全隐患，防风性能也不错，而且十分便携，是我常用的设备。

各式各样的中古款煤油灯让人爱不释手

摄影／史楠

Coleman 品牌出品的"北极星"是我购买的第一只汽灯，直到它意外
"殉职"，一直是我常用的照明设备。它的亮度极高，完全可以当作
主灯为一个小型聚会照明，而且极易操作，状态稳定。

/ 一切与露营无关 /

乌兰布统草原

睡眠系统

睡眠系统

我的睡眠系统通常包括：行军床、地垫、睡袋、羊毛毯、枕头。刚开始露营那会儿，有一次在8月份去了乌兰布统草原，白天的气温真舒服，但是怎么也没想到草原夜间的气温会一路跌至冰点。当时，我还没有什么专业的户外装备和足够的户外常识，睡眠装备只带了一个蛋槽垫和一个随手买的国产15℃睡袋。随着夜幕降临，气温越来越低，就连守着篝火都免不了发抖，钻进睡袋更是一宿无眠，不断起身把手边的东西往睡袋里塞，心中充满了不安与悔恨。好不容易撑到天蒙蒙亮，整个人如蒙大赦一般，等到日出后晒了好长时间太阳才缓过来。

那一晚我明白了一个硬道理，去野外玩似乎是一件开心事，但是假设对自然没有足够的敬畏真的会出人命。如何体现出敬畏之心呢？那就是提前对当地环境做足功课，以及带齐物资。

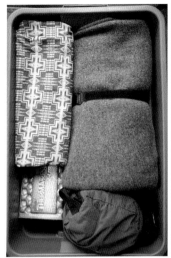

1. 选购睡袋时要特别注意"温标"这个参数。由于每个品牌的产品都不太一样，建议初级玩家要向卖家说清楚露营时的温度和环境状况。另外，睡袋绝不是一个可以图便宜的领域。

2. 垫子除了可增加柔软度之外，还有保温作用。右上图从上到下分别是①蛋槽地垫②普通充气垫③热反射气垫。其中①和③都具有保温作用，可以四季使用。②仅具有增加柔软度的作用，只适用于温暖天气。

3. 羊毛毯具有一定的防火性，不用担心会被火星烫坏，在潮湿的天气里也能保暖，是从古代沿用至今的经典的户外装备。

4. 枕头是可增加舒适性的物品之一，在户外我一般喜欢用衣服或毛巾来替代。

5. 行军床可以说是我户外必备的装备之一。

枕头·衣服·包

露营绝对是一个消费主义盛行的领域，就连枕头都有很多价位、款式和材质供选择。如果空间足够的话也可以带上家里用的羽绒枕头，但我通常喜欢把一件轻质羽绒服放在收纳袋里当作枕头。以前不喜欢穿"轻羽绒"，这件还是当年去北欧玩，碰上极寒天气临时买的。后来参加户外活动多了，发现被冻傻的情况有很多，这个时候穿上一件轻羽绒服可以增加舒适性，收纳起来也不占地方，睡觉时还可以变成枕头，尺寸小巧，刚好放在睡袋里。

我见过很多人把枕头放在睡袋外面使用，但是这样经常睡到半夜枕头就"跑了"，想要调整一下还得将手从睡袋里伸出来……假设把枕头放进睡袋，不但稳固，还能为肩颈部分保暖，晚上可以睡得更安稳。

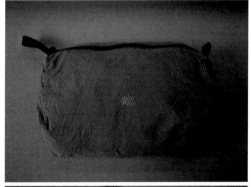

床

超轻便的 Helinox 行军床
特点：轻量、便携、好组装、
易拆卸、结构稳固。有高
低两种模式，12 根床腿需
另外购买。

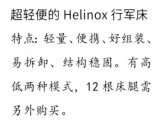

经典的什良商店木质折叠
行军床
这种款式的设计能够追溯
到 200 年前，和蛋卷桌的
结构十分相似。

242　　　　　　　　/ 一切与露营无关 /

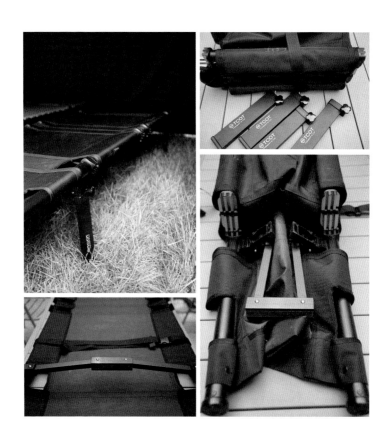

TCOT 担架式行军床

特点：结构设计得非常有趣，采用的是免组装的折叠款式，有高低两种模式，已配备床腿。

不能忽视的杂七杂八

扁担

运输露营物资的时候总能碰到这一类东西：尺寸不大不小有些尴尬；单手提有点重，一手提一个的话肩膀酸得要命，走走停停；双手搬又有点轻，来回要跑两趟，不但累而且浪费时间。这些年卖得很火的户外折叠拉车虽然运载能力还不错，但终归是个都市产品，平地通行方便，遇上崎岖道路就拉不动了。

于是我想到了古老的"神器"——扁担，它几乎就是为了解决这个困难而诞生的，适应于各种地形，并且极大提升了运输效率。

扁担不但环保、便宜、轻便、承重力强，还能当作临时置物架和登山杖。这么好用的东西应该发扬，期待有人开发出全新设计和材质的"户外扁担"。

唯一需要注意的是：用扁担挑东西需要一些技巧，建议先在平地适应一下，贸然走山路容易发生危险！

竹编制品

竹编制品除了美观、功能多之外，还兼顾环保、轻便、
耐用和实惠的特性，这么好的东西真的可以"秒杀"许
多现代工业化产品。

/ 一切与露营无关 /

洗手

洗手液占用空间比较大，而且很容易在路途中倾洒，因此在户外还是用肥皂更适合，但是你可能并不想弯腰捡肥皂。

这是我常用的一款户外肥皂，一张张如同小纸片一样。使用时取一张，遇水会马上融化，易起泡，清洁力强。

将一小块肥皂放进丝袜然后挂在水桶上，丝袜轻薄多孔的面料有助于产生丰富的泡沫。
这个操作最精彩的部分就是我去买丝袜时老板看我的眼神。

/ 一切与露营无关 /

手网烘焙

露营是让生活放慢的一种玩法，利用在营地的闲暇时光，尝试着自己烘咖啡豆，是一种不错的消遣。手网非常便携，烘焙效果也不错。

购买生咖啡豆的好处是保质期长，囤上一袋子放在家里，偶尔家里的咖啡豆喝完又忘记买新豆子时可以自己烘豆来过渡一下，通常烘一次可以喝两三天。

手网烘焙如同手冲咖啡一样有不少讲究和门道，因此想要精通建议去专业机构学习。在这里我这种"二把刀"水平只提供一种"勉强能喝"的方法。

操作：

将生咖啡豆倒入手网，差不多铺满底部就可以了。筛选豆子，将那些长得过于"个性"的全部扔掉。

找一个通风又避风的环境，炉子开中火，将手网放在火源上方约 10 厘米处，不停地左右晃动。烘焙到"一爆"约 10 分钟，一爆得到的是浅烘的咖啡豆，我通常喜欢中深的烘焙度，因此会选择在一爆和二爆之间"出锅"。

出锅后，迅速将豆子倒入其他容器进行散热，顺便再把个别煳了的豆子挑出去。总的来说，手网还是能将咖啡豆烘焙得十分均匀的。

木炭储存箱

它原本应该是放置某种仪表设备的箱子，是我在一家旧货商店里看到的。因为价格不贵便买了一对儿，一个放杂志尺寸刚刚好，另一个闲置了一阵子，后来发现放木炭很合适。

木炭是我烧烤时最喜欢的烹饪热源之一，但是露营时木炭的携带与保存一直是个痛点。一般渠道购买的炭都是用袋子或者纸箱盛放的，无论拿取还是携带都不太方便，没用完的炭因为包装不再密封，碎渣很容易遗撒，经常会把手或衣服弄脏，放在地上还容易受潮。有了这个金属箱所有问题就解决了，即便在雨天也不怕，夹层内还能存放一些小工具和引火材料等。

/ 一切与露营无关 /

迷你案板

找到一块合适的户外案板很不容易，大了不好携带，小了又很容易把菜撒在地上。后来突发奇想把一块小案板和 what not 牌收纳包的盖板结合在一起，竟然非常合适。

锅套

很多露营装备都会配保护套，其中锅套是最有必要的。铁锅表面的油污在运输过程中经常会蹭得到处都是，尤其荷兰锅，柴火烧过后还会在锅表面留下一层黑炭，蹭到身上手上在所难免。有了锅套就轻松多了，力气小的人甚至可以双手把锅捧起来搬运。

手套

露营中经常会干一些粗重的活儿，难免会弄得满手灰尘、油泥、炭灰，有时候还要操作刀具或滚烫的锅具之类的，因此手套会被高频率使用。

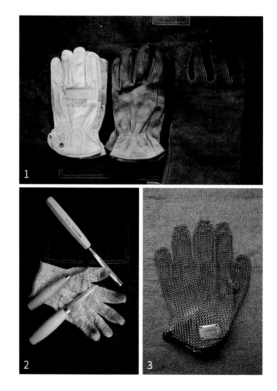

1：工作手套、防烫手套。

2：木工用的防割手套。

3：肉铺中常用的金属手套，开生蚝的时候也可以配合生蚝刀来使用。

/ 一切与露营无关 /

服装也是装备

20 世纪 90 年代末，十几岁的我迷恋上了摇滚乐，当时攒钱买了一件皮衣，因为不懂，其实买的是一件摩托服。穿起来并不舒服，甚至都不算太合身，大多数时候只是挂在墙上，看着爽。这段回忆给我最大的感慨不是当年的青涩，而是直到今天也没拥有过摩托车。

2011 年我和几个朋友去英国旅行，其中有一晚住在英国北部乡下的一家 B&B 旅馆，总共三间客房，坐落在一间酒吧的二楼。因为主人喜欢赛马和马术，因此三间客房都是以主人的爱马的名字来命名的。

第二天清晨，我被屋外嘈杂的声音吵醒，打开窗帘的瞬间不禁被眼前景象"震"住了：只见男女老少几十个人聚集在酒吧门口，他们身着猎装，热烈地交谈着，喝着红茶和咖啡，猎枪随意地搭在臂弯处，很多只猎犬就在人们中间穿梭嬉戏着。英国人在乡下还保留着狩猎文化，尤其是猎鸭子，我只在电影和油画中见过类似场景，从没想到这就是他们的日常。所谓的猎装也不只是时尚媒体造出的词汇，而是有它实际使用的场景。

其实有很多风格的服装都是从专业领域走到了日常生活中。比如摄影马甲，本身是挺好的设计，尤其在胶片时代，只是后来被大爷们不分场合地穿，给穿"油腻"了。机能风流行的几年里历史再次重演，新一代的大爷们不分场合地穿着钓鱼马甲。

当你只是从口袋里掏出充电宝、纸巾这类物品的时候，可能永远理解不了马甲上那些口袋、吊环、锁扣、拉链为什么这样设计，而这件服装中蕴含的巧思也并没有得到充分地使用，你甚至理解不了它为什么被设计的这么短。获得服装容易，但是拥有服装背后代表的生活方式就难了，有服装没生活也是一种遗憾。

服装也是装备，会有好坏和对错之分。在都市里怎么穿都好，充其量只会被说不好看或者不得体。但是到了户外意义就大了，比如说滑雪套装除了保暖、防水之外还要通风，更重要的是关键时候能起到一定保护作用，这个道理我也是摔过后才懂得。2019 年我冒着大雨去参加富士音乐节，那三天让我充分体会到防水衣的意义。我带去的一件品牌送的长外套我以为会防水，实际上只是防泼水，下小雨时去遛狗还可以，若真的碰上大雨，衣服里面瞬间就汇成了河，最后只能被迫在超市买了件塑料雨衣。

休闲式露营对服装的专业性要求不算太高，但是最好也遵循户外三层穿衣法[①]原则，在此基础上根据个人喜好选择即可。

---

① 户外三层穿衣法：内层贴身排汗，中层保暖，外层隔离防护。

/ 一切与露营无关 /

鞋

户外活动根据具体需求要选择不同类别的鞋子，休闲式露营我通常会选择兼具防水、厚底、易穿脱这三个特点的鞋子。

防水
在野外即使不下雨的日子也会有露水，而且水量很大，尤其在草地上，普通的鞋子走上几步就湿透了，因此选择防水透气的户外鞋是很有必要的。

厚底
木工鞋的鞋底通常硬且厚，以避免被钉子刺伤。在露营地也可能遇到坚硬的草梗、碎玻璃、带钉子的木板等可能伤害到脚的东西。此外，厚底鞋的防寒功能比较好，这在户外生活中非常重要。

易穿脱
有很多帐篷是有底的，进出需要穿脱鞋子。另外，炎热天气或烤火时能够方便穿脱的鞋子也能增加很多舒适性，因此易穿脱这个特性在露营时十分有用。当你尝试过那种高帮、系带的工装鞋之后尤其会感慨：不用手就能穿脱的鞋子是多么伟大的发明！

多功能防水容器

这个防水收纳包性价比超高，尺寸与 IGT 系统兼容，颜值高、可叠放，且用途广泛。生活中我时常用它来作公文包和电脑包，写这本书的过程中也经常用它存放打印出来的书稿和移动硬盘。防水的容器主体和网状盖子这两个简单的结构组合在一起就让它具备了多种可能性，让用户根据使用场景来自定义其功能。网状盖板不但让里面存放的物品一目了然，还可以滤水、阻挡苍蝇等。

玻璃套杯

在遇到这对杯子前我总觉得野餐时使用玻璃杯是个伪命题，因为玻璃杯实在是不好携带，可是有些饮品没有玻璃杯的衬托又会少了一重视觉享受。

这是当年在布拉格的一家玻璃器皿店买到的对杯，不用时扣在一起，对一般强度的挤压和晃动都不怕。

原来是一个超值套装！

这个 Stanley 品牌出品的雪克壶（shaker）是一个被很多人低估了的好东西，别看它是个调酒壶，其实它的用途非常广。

1：表面上看跟普通的雪克壶差不多。

2：实际上它肚子里还装了两个双层不锈钢杯子，以及一个挤汁器。

3：拆开后相当于多了一个大杯子、一个小杯子，还有一个过滤网，这样一来就有意思多了，能开发出很多种用法。

比如：用来做冷泡茶。

操作方法：

1. 将茶包放入雪克壶盖子中。

2. 将壶中注满水，拧紧盖子并倒置。

这样做的好处是无须取出茶包即可萃取茶汤。
当你觉得浓度够了不需要再继续萃取时，只
需将壶身放正就好了。

超级组合

在户外，热源的热量很容易被吹散而难以聚集在锅具上，于是有人设计了内部燃烧的结构。

图中的这两个装备，底部是我家祖传的铜火锅，上面是徒步用的 Kelly Kettle 烧水壶。它们的设计思路惊人地相似，中空的结构便于将热源直接聚集在内部，从而获得更高的热效能，即使在户外也能稳定发挥。

某天我尝试了将它们组合在一起使用，虽然外观有点"雷人"，但是非常好用。将水壶灌满水后放在火锅的顶部，既充当了烟囱拔升气流，壶里烧开的热水还能时不时地添加到火锅里，一举两得。

多用铁架

这个铁架在本书中多次出现，它的结构非常原始，却是我最爱的装备之一。除了当作三角吊锅架之外还可以作为龙门架使用。

摄影 / 吃饱饱

/ 一切与露营无关 /

折叠烤箱

Coleman 品牌的折叠烤箱是我很喜欢的一个户外料理装备，便携、易操作，虽然不是露营的必备之物，但是能让户外料理有更多的可能性。

它最大的问题就是使用气罐炉加热的时候燃气的消耗量很大，因此更适合在庭院或者物资极其丰富时使用。

地钉锤有没有必要

这几年网上的露营视频里往往都会配有敲地钉的唯美画面与音效。很多玩家会把地钉锤当作精致露营必备单品，仿佛一个人的装备都武装到了锤子，才能说明是真的精致。下面我们从实用角度重新审视一下地钉锤的必要性。

重量

市面上的地钉锤主要分重装和轻量化两种，重的好用但是会对出行造成一些负担，轻的虽然便携但是没有力量，而且既然已经追求轻量了，何必还要拿上一把不好用的锤子？我通常喜欢用脚踩，遇上坚硬紧实的土地就用木柴来敲地钉，若木柴也敲不进去说明那个地方不适合下钉，不如重新选个位置。

材质

地钉锤与普通锤子的区别之一便是材质。露营时很少用不锈钢锤，因为很容易把地钉敲坏。精致露营主流的地钉锤都配有可更换的黄铜头，黄铜较软，保护了地钉，自己却很容易变形。有些商家会提供黄铜头配件来替换，但是我总觉得不太划算。

拔钉的功能

能用锤子上的角拔出的钉基本上用其他方
式也能拔出来，比如可以戴上手套直接拉
风绳，也可以手里横握一根地钉卡住地上
这根钉的钩或者绳，然后拔出来。如果土
地坚硬可以边旋转边拔。

所以我是绝对不会把收纳箱中宝贵的几公斤
重量留给地钉锤这种没有必要的东西的，
万一要用一下，大不了还可以跟人借……

4

露营风格

摄影／史楠

露营风格其实就是每个人根据实际需求，将自己的生活作风带到野外后的体现，它代表每个人的审美、价值取向，以及解决问题的方式。与其去追求风格本身，不如多想想怎么能解决更多的实际问题，因为风格不只是视觉特点，更包含了很多功能及玩法上的区别。在分享我常用的几套露营方案之前，不如先说说我的几条露营原则。

　　　　　/ 一切与露营无关 /

1. 尽量减少使用电器和深加工食品，多给自己设置一些难度就多一些乐趣。

2. 我不在房子旁边露营。总觉得将帐篷扎在房子旁边没有露营的感觉。

3. 不在没有风景的地方露营，因为露营的初心就是通过大自然的美好为自己"充电"。

4. 露营过程中尽量不使用塑料袋、泡沫箱之类的一次性用品。

5. 每次一起露营的人中没有露营经验的不能超过30%。

6. 不和酒品差、不干活，以及随地扔垃圾的人一起露营。

7. 只要露营一定要做饭和过夜。

8. 可以接受不过夜的玩法，但是那叫野餐、野炊或郊游。不过夜露营只是一种一厢情愿的叫法。

重装露营

Glamping 的历史最早可以追溯到欧洲贵族的 Safari（狩猎）文化。

早期的欧洲贵族特别迷恋狩猎，他们的足迹遍布世界各地。狩猎的时候往往要出动一整个后勤团队来满足吃住行，当时的工匠也根据他们的需求开发了很多户外家居产品，包含桌、椅、板凳、行军床、梳妆台、大衣柜、浴缸，还有帐篷等等，有一些设计甚至沿

/ 一切与露营无关 /

用至今。为了满足贵族对生活品质的要求，仆从们要在野外搭建一个个移动行馆。这种玩法逐渐演化成了现代的野奢酒店和重装露营。

重装露营时所有生活器物一应俱全，给人的感觉就是打算舒舒服服住上一阵子。否则太不划算，毕竟露营玩家可没有仆从，所有物品自己搬运，而布置好一个"家"最快也需要几个小时。

这种配置的露营一年中也不会有几次，却是难得全家人一起度过的美好时光，可以回味许久。

/ 一切与露营无关 /

轻装露营

轻装露营是适合短暂停留，也适合旅行的一种露营方式。携带的物资总量变少，装备的尺寸和重量都会相应小很多。不得不说，尤其对缺乏安全感的人来说，在不影响生活品质的情况下将出行的装备精简到最少也是一种挑战，因此轻装露营也是一种很好的训练。

Bush Craft

要说 Bush Craft（BC）和 Glamping 的相似之处是什么，那就是到现在二者都还没有一个正式的中文名。每个人都有自己的叫法：丛林技能、野化技能等，不过大部分人更倾向叫它"BC"。

BC 到底是什么一句话说不清。不如想象一下你是一个 18 世纪的丛林猎人，为了打猎要在丛林中穿行一周的时间，你需要随身携带什么东西？怎样解决衣食住行？需要具备怎样的技能和野外常识？

"装备党"们或许把 BC 看作一个新的消费领域，真的有不少人认为只要购买了 BC 的装备就算是玩 BC 了。事实上 Bush Craft 装备少得可怜，有的在五金店就能买到。除了天幕和简单的睡眠装备外，主要就是刀、斧、绳、锯和锅。玩 BC 是从学习技能开始的。

完整的 Bush Craft 技能体系

1. 获取食物（采摘，追踪、狩猎、陷阱、捕鱼）

有些技能距离现代都市生活已经很遥远了，但却是人类在很长的一段历史时期中重要的生存技能。

2. 用原始方式烹饪食物的能力。

3. 寻找水源，净化水。

水的重量非常重，完全靠携带很困难，学会如何找到水源也是非常重要的生存技能。当然现代的 BC 玩家通常都会选择有自然水源的环境。

4. 制作庇护所（帐篷、木屋、树枝、苔藓）

BC 的住宿解决方案一般都比较"硬核"，可能就带了一块布，你要把它变成能够遮风挡雨的结构，起到帐篷的作用。还有更"狠"的，直接利用树枝、苔藓之类的东西制作成掩体。

5. 生火、控火

火对人类的进化起到了非常重要的作用。然而现代人其实离真正的火越来越远了，先别说钻木取火这种"传说级"的操作，就连点燃壁炉都是个问题。但是对 BC 来说火是唯一的热源，取暖、烹饪食物、烘干衣物、照明等都要依靠取火来完成。

6.绳结技巧

打绳结是一个非常有趣的技能，每一种绳结都是一个伟大的发明，发明者真的特别聪明。利用绳索作为临时固定装置真的太方便了。绳子的使用非常广泛，天幕、帐篷、吊床都需要绳子，篝火架或庇护所框架也需要绳子，你去收集树枝当作柴火的时候也可以用绳子捆一下背回来。钓鱼时几乎每个步骤都离不开绳结技巧。

7.木作

除了绳结之外，还要熟练使用刀、斧、锯。BC 过程中，木头是随处可以获取的资源，因此学会利用木头制作各种生活器物是非常重要的可改善生活品质的技能。因为你在几天内很多生活所需都要依靠这几样工具来制作，小到碗筷、勺子，大到篝火架、桌椅、庇护所、独木舟等。如果时间允许你甚至可以搭建一个真正的丛林小木屋。

8.基本的露营技能

户外物品的使用、收纳、露营常识等（比如：睡袋下面需要铺气垫或蛋槽垫就算是露营常识）。

9.医学常识

感冒发烧护理、外伤处理等。

10.徒步穿越技能（野外生存技能）

辨别方向是人类祖先非常重要的技能。作为现代人的我们通常会借助指南针或 GPS。

/ 一切与露营无关 /

既然 Solo，就不需 Social

Solo Camping 指的是尽量回避群居的单人式露营。一群喜欢独处的人，逐渐衍生出一种叫作 Solo Camping 的"社恐"式露营。

在大自然中创造一个认真与自己相处的机会，也是一种有趣的体验。这种方式在日本十分流行，日本大城市中独居的年轻人本来就多，不想与别人相处也不愿麻烦别人。

当然这种露营也并非"社恐"的专利，因为每个人或许都有需要独处和放空的时刻。虽然没有社交，但是同样认真地生活，相当于换了一种环境和心情来享受独处时光。

我的体验：

1. 不需要准备太多物资，也不需要很大的装备，所以很好操作。
2. 不会大吃大喝，甚至无须遵循一日三餐的节奏，可以伴着篝火慢条斯理地吃东西。
3. 不会熬夜，也不太会把自己灌醉。
4. 由于避免了跟人面对面的交流，所以跟平时一样，闲下来总会时不时地拿起手机。
5. 有时间和心境思考一些问题。
6. 适合写作。放空的时候脑海中总能冒出一些灵感和有趣的句子。但是不太适合看书，这时候篝火比书要好看。
7. 不需要顾及他人的需求和感受，也不需要在意个人形象。

/ 一切与露营无关 /

冬季露营

冬季露营被问到最多的问题是：冬天为什么要露营？

的确，在很多人的脑海中似乎露营是属于夏天的一项活动，因为热能忍，冷不能忍。 但是从露营玩家的视角来看反而是冷好解决，热不好解决。寒冷有时甚至也是一种优势。

首先，冬天露营不用洗澡，出汗与洗澡才是露营中的麻烦事。

其次，冬季哪怕携带大量食材也不用担心变质的问题，也不容易吃坏肚子。

第三，没有蚊虫和苍蝇的骚扰，露营体验简直太好了。

第四，万一下雪了那真的好像中彩票一样的惊喜。

第五，冬天的太阳晒起来超级舒服。

第六，寒冷会让人们在晚间更多选择在帐篷内活动，小空间会拉近彼此的距离，也会令人们关注到帐篷内的陈列、收纳与美观。

第七，冬天哪怕最著名的露营圣地也会比较清净。

第八，冰火两重天才是极致的享受。只有在冬天，两者都能轻松获取。夏天的冰难以保存，人们对火没有亲近感，只有冬天才能体会到靠着火炉喝冰啤酒到底有多爽。

第九，寒冷天气菜刚出锅就凉了，所以更适合"一锅烩"，烹调过程变得更简单了，热气腾腾地吃下去真的超有幸福感。到了后半夜坐在炉火边还能一边聊天一边随手烤制一些小零食。

第十，对喜爱"烧"装备的朋友来说，琳琅满目的取暖设备从实用型、专业型、复古型，到收藏级别的限量款，还有高手自己DIY的各种"神器"，选择实在太多了。

/ 一切与露营无关 /

一切与露营无关！

我记得小时候曾经有很多年住在小平房里，那个时候北京的冬天是真的冷，家里往往只有一个烧蜂窝煤的炉子来取暖，那会儿就算在家也要穿着棉衣棉鞋。记得晚上睡觉前爸妈总会放进一块蜂窝煤然后关闭风门，并且要确保火眼也是关好的，因为稍不小心就可能有炉火熄灭、一氧化碳中毒等问题。虽说如此不便，但我始终觉得炉子边上烤出来的红薯和馒头是小时候吃过的最美味的东西，还有水壶里冒出的热气也一直是童年时光里记忆深刻的温暖画面。

冬天的帐篷里更像是小时候的家——狭小、简单，家人、朋友挤在一起喝酒聊天特别有亲近感。看着炉子里跳动的火焰、锅里喷出的蒸汽，还有人们的欢声笑语，这就是家的感觉。

帐篷外面越是北风呼啸冰冷刺骨就越衬托出帐篷内的温暖，我不禁感恩，日常生活中很多习以为常的东西其实都得来不易。

复古风格

我喜欢收藏和把玩 vintage 物件，所谓 vintage 通常指 1920 至 1980 年之间，保存良好的时代精品。它发源于二手商店，但并不代表陈旧，是拥有独特设计风格和魅力的旧物。

我出生于 20 世纪 80 年代，见证了改革开放给中国人的生活带来的巨大变化。眼见着生活在变化，吃、穿、用的东西一直不停地在更新换代，以至于糊里糊涂长到了 30 多岁突然意识到自己好像也没见过什么好东西，否则的话为什么要一直不停地更新物品？脑海中生出很多疑问：东西旧了就该扔掉吗？还是说

/ 一切与露营无关 /

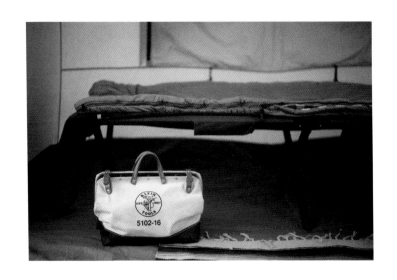

本质上因为东西不够好才会被替代？有什么
东西可以在有生之年一直使用吗？

然后我开始寻找，开始关注 vintage，从服装、
日用品到家具等，甚至策划了一档专门出国
寻找 vintage 好物的节目《飞买不可》。这
些物品一方面满足了我的猎奇心理，它们从
外观、质感再到设计理念都跟现在的产品有
很大区别。另一方面，通过不断接触经典设
计，我逐渐在脑海中形成了自己对"好"的
判断标准。有的东西很美，却不好用。有的
东西好用却不耐用。有的东西在各方面堪称
完美，却被市场无情地淘汰了……

20 世纪中期是现代设计非常辉煌的时期，同时也是搬家式露营兴起的时期。虽然 Auto Camping 开车露营的概念是 Snow Peak 品牌的二代掌门人在 20 世纪 80~90 年代提出的，但那仅限于亚洲市场中的日本或其他某几个国家。欧美人开车露营的风潮早在 20 世纪 50~60 年代就开始了，似乎这种露营方式是城市发展以及私家车普及的一个标志性产物。

体验笨重的帆布房型帐篷、木质家具，还有完全没有电器参与的露营方式，是对露营的考古和致敬，也是针对家居和设计领域的很好的学习体验。

/ 一切与露营无关 /

摄影 / 史楠

298

夏天就是去山里、去水边

在我刚开始对露营"上头"的时候也曾经尝试过在三伏天里露营，那种空气中涌动着令人窒息的热浪、身上永远黏糊糊的感觉不想再体会了。如果一定要露营的话我会选择海拔或纬度相对高一些的凉爽地点，但更多会考虑去山里、去水边的不过夜活动，毕竟，不玩水的夏天是不完整的。

如果说火是冬天的主题，那么水就是夏天的主题，无论游泳、溯溪、划船还是钓鱼都让人有一种过暑假的感觉，这种感觉往往都来自美好的童年回忆。

我并不是一个对钓鱼本身有很大热情的人，但是那些精巧的装备的确很吸引我，而且我从小就觉得这是一种应该掌握的技能。或许从一开始钓鱼就只是个借口，对我来说找一处有风景的溪流或湖泊，与家人、朋友共度惬意的周末时光，山水之间，沉浸其中本来就是一种治愈。

特别提示：出于安全考虑，遇到汛期有些地方是不能去的。

/ 一切与露营无关 /

回　家 GO HOME

露营中我最喜欢的时刻就是收拾好东西准备回家的那一刻。

露营是成年人的过家家，玩得太投入以至于每次在一个地方拔营离开的时候甚至还会有一点依依不舍，因为短短几天的时光已经让我们对那里生出了情感。那是一种纽带关系，类似对家的眷恋。其实露营吸引我的一部分原因也是这种家的感觉。

如果说在野外凭空建构的一个临时居所里都能过上美美的小日

子，那么假设我们花了足够的心思在真正的家里只会让其更加舒适。因为家才是日常，值得我们付出更多。

家居环境对人的影响非常大，多年以前我家曾经有过一段物品泛滥的时期。我和太太都有很多爱好，于是家里逐渐堆积了很多拥有不同功能和意义的物件，尤其在有了孩子以后明显觉得空间不够，经常放眼望去上百样物品令人短暂失神，如同电脑内存不足一样。由于当时家里没有什么有效的收纳体系，总觉得房间整理起来也很麻烦，无论怎么收拾屋子里都很不清爽。那段时间每天都感觉很疲惫。

露营是过家家，是一种极简主义生活体验，是露营让我开始从繁向简过渡。如果说7分饱是最好的吃饭状态，或许7分满也是家居陈列的最佳状态。

建筑师 John Pawson 把"极简主义"定义为当一件作品的内容被减至最低限度时所散发出的完美感觉。这或许就是当年我们第一次看到 iphone 时的感受吧。极简应该是一种压缩之后的精华，运用相对简单的色彩、装饰以及留白，获得更高品质的体验，去除所有浮华的表面，用本质去打动人。

我在露营时很注重实用性，居室和空间也是

摄影 / 张之洲

如此，可能没有特别多纯粹装饰作用的摆设，只在有用的东西中选择好看的陈列在空间里，而那些好用却不好看的想办法藏起来，让它们在暗中发挥作用。

重新装修后的家简单舒适，餐厅、厨房、客厅贯通在一起成为我们主要的生活空间，大部分家具都比较轻便，可以随意排列组合。家里的物品经过精挑细选，有进有出。

家不只是一所房子，家是港湾、充电器，是善待自己的方式，也是可以静下心来思考的空间。

家还代表着家人，年轻的时候经常想人为什么要成家，随着年龄增长，脱离父母的羽翼之后才逐渐意识到生活有其狰狞的一

摄影 / 张之洲

面，很多时候是无法独自面对的。

每个人都会有脆弱的时刻，某件事也许会成为压垮你的最后一根稻草，这时如果有人帮你分担了一下，哪怕只是一瞬间的力量，就足够了。家人们虽然也会在日常制造一些麻烦，但是又总能在关键时刻给我力量，是家人让我明白了幸福并不是把很多的快乐堆积在一起那么简单。

虽然这本书里大部分的篇幅都在探讨生活中的美好，但是病痛、死亡、悲伤、失落、沮丧、焦虑等也都是会伴随我们人生的客观存在。或许我们不断地追求美好事物，也是为了与这些黑暗的力量对抗。

结 尾 ENDING

露营是一件麻烦的事，一开始总有一种无从下手的感觉，因为涉及很多我们并不熟悉的领域。其实对我这样一个老宅男来说，曾几何时，出去露营最难的就是"出去"。

- -

走出舒适区

尝试一样新鲜事物最难的是尝试，尝试可能就代表走出了舒适区。

尝试一件莫名其妙甚至会时常带给你不适感的事情值得吗？以葡萄酒为例，从我对它产生兴趣到真心觉得好喝大概过去了几年的时间。长大以后第一次真正因为对葡萄酒感兴趣而去品尝大概已经是 27 岁之后了，那会儿并没有觉得酒好喝，确切地说不知道自己应该喝到些什么，因为在这种复杂的味道里几乎找不到什么熟悉的东西。这种陌生的感觉反而激起了我的兴趣，仿佛找到了一个全新的世界等着我去征服。在之后的几年里我开始关注和葡萄酒相关的信息，一有机会就尝尝，虽然绝大多数喝不出什么名堂，只是在试图理解这些新奇的味道。直到某一天突然觉得"怎么这么好喝啊"，仿佛一下子在复杂多变的风味里抓到了一种感觉。我想这大概就是日久生情吧，对陌生的东西一定要先接受它的存在，然后不断去习惯和熟悉它，直到有一天对你来说不算陌生了才有可能真的爱上了。

对西餐也是如此，只不过花了更长的时间。我经常想，很可能品尝西餐体系的美味需要和中餐不太一样的味蕾，而这些味蕾对吃中餐长大的我们来说是发育不良的，要依靠后天的训练才能"支棱"起来。这就好像讲中文和讲英文用到的动作套路不同，依靠的肌群也非常不同，因此我们在刚刚学习英语的时候经常出现"肌无力"式的滑稽发音。我也差不多花了十年的时间才将英语发音"康复"到比较自然的状态。我曾经认为中餐最好吃，为什么要吃西餐呢？但后来换了一个角度来想：倘若吃西餐也能令我感到开心，那我岂不是获得了更多让自己开心的渠道？

练习接受并喜欢全新事物，就是试着扩大舒适区的一种途径。先勇于尝试、试着去接受，然后通过量的积累，最终学会欣赏、喜欢，我们主观世界的疆土也随之扩大了。

好玩的事情都很麻烦

一件事从陌生到熟悉，并最终成为爱好就很不容易了，坚持一个爱好更加不易，这通常需要投入大量的时间、精力和金钱。因为好玩的事情都很麻烦，或许麻烦也正是好玩的重要组成部分。

假设想要个勺子，完全可以买一个，还能有各种选择。而尝试着自己做一个却要花费一天的时间（更不用说还要经过学习技巧和购买工具的过程）。不过站在另一头去看，从选材到设计，从一块木料到一个精致的勺子摆在面前，这种成就感是巨大的。制作过程也很有意思，随着你的手艺不断精进，你能感受到每一刀划过木料时一小片木屑轻轻卷起的那种流畅感，随着一声声咔哧咔哧如同脚踩雪地的声音，内心无比平静和舒畅。每一条曲线被你随心所欲地塑造出来，直到最终蜕变成一个精美的物件，这种手作之乐是购买时体会不到的。

学习音乐也是如此。从完全外行到能够基本驾驭一样乐器来演奏乐曲，再到能够自由创作，要经历的过程真是一言难尽，但是过程有多痛苦往往获得的成就感就会有多巨大。练习乐器要承受孤独，无数个独自在家面对乐谱的日夜，一个又一个乐句的缓慢推进，直至能够熟练地演奏，真的是常人难以忍受的寂寞，反复地练习、不断地重复、推进、重复、推进……直至流畅，直到将感情也融入其中……到底是什么使人可以坚持下来？说来也简单，学习音乐很像啃骨头，骨头上的筋肉难啃却让人放不下，还不是因为好吃！好声音本身就

308

让人非常愉快。玩音乐的第一步是产生出悦耳的音色，这些音色就如同大自然中的雨声、鸟鸣一样令人内心舒畅。合声所产生的共鸣更是让人的内心也产生了舒适的共振。节奏也是一种能够直接左右情绪的东西。律动更是凌驾于这一切的一个隐藏奖励，它很像一幅画中的隐藏构图，或是游戏里的隐藏情节，你一旦找到了它就能获得另一层的快乐。流畅地演奏一个作品就如同高山滑雪一样令人兴奋，假设能够与伙伴们一同演奏，那种乐器间的对话和人与人之间的眼神互动所产生的微妙感受，既像与人聊天又像配合默契的舞蹈，那种语言之外的交流，令人身心愉悦。假设这首作品还是你自己创作的，这种快感真是万金难买。

好玩的事情都很麻烦，而露营更是集合了很多好玩的事情，玩起来酸甜苦辣五味杂陈，就像生活一样。或许这本书从一开始就跟露营没有关系。

摄影 / 暖色

我到林中居住，看看是否能学到生活要教我的东西，而不要等到临死之前发现自己没有生活过。

——梭罗《瓦尔登湖》

在和平年代，人们却发明了恐怖片、蹦极等刺激的玩法，让人们紧张、体验死亡的恐惧，然后突然又有了活着的感觉。仔细想想游乐场其实也是一个充满了惊声尖叫的地方啊！有可能对爱好露营的我们来说，抛开都市的便利，去野外体会风吹雨打，也是通过受虐找寻活着的感觉。

露营让我重新和自然产生连接，呼吸新鲜空气、学习新的技能、触及新的领域、结识新的朋友。如果把露营形容成一场修行会让人觉得有点小题大做的话，它至少是一堂深刻的生活课，这堂课没有任何学校教过我。

露营不只是露宿野外，还是一场代价不高的生活实验。不用真的舍弃什么，我们暂时脱离都市、脱离社会身份，回归到劳作中，回归到内心那个原本对什么都好奇的小孩。

"我们要永远将建房子的乐趣交给木匠吗？"梭罗在他的书里这样问道。社会分工让大多数人的工作几乎和劳作脱离开来，搞得人们四体不勤五谷不分，每日对着手机、电脑却经常感到焦虑。而露营让我体会到了劳作的乐趣，以及传统生活方式的意义。

劳作之后的片刻休闲、饥饿时的一顿饱餐、寒冬之中的温暖帐篷、篝火边的一场交谈、大雨之中干爽的睡袋……都能让人获得性价比极高的满足感。每当解决一个新问题，解锁一项新技能的时候都能让我获得极大的成就感。以至于慢慢地我不再觉得自己脱离某个工作就会饿死，没了某个 title 就无法证明自己。在野外过上几天自给自足的简朴生活，放下习以为常的社会角色，却找到了更加真实的自我和价值。

梭罗这样描绘瓦尔登湖：景色不很起眼，虽然很美，却谈不上壮丽，不常来的人或者不在湖边居住的人也不会对它有多大兴趣，然而这湖是这样深，这样纯净。

我猜这也是一种对生活的感悟。

露营时从早忙到晚，基本上都在努力解决温饱问题，这迫使我把关注的重点重新拉回到不起眼的基础问题，并且在琐碎的日常中获得了意想不到的满足感。也许我们在找到生活的本体之前，根本不需要过度地纠结于上层建筑。

对我来说露营绝对不只是露营，它给了我一些契机去体验和思考，并获得了一些宝贵的感悟，露营不是终点，而是重新看待生活的开始。

胡小飞

2023 年 5 月

图书在版编目（CIP）数据

一切与露营无关 / 胡小飞著. 一北京：电子工业出版社，2023.7
ISBN 978-7-121-45999-3

Ⅰ. ①一… Ⅱ. ①胡… Ⅲ. ①生活方式－研究 Ⅳ.①C913.3

中国国家版本馆CIP数据核字(2023)第131880号

责任编辑：白　兰
印　　刷：中国电影出版社印刷厂
装　　订：中国电影出版社印刷厂
出版发行：电子工业出版社
　　　　　北京市海淀区万寿路 173 信箱　　邮编：100036
开　　本：880×1230　1/32　印张：10.25　　字数：230 千字
版　　次：2023 年 7 月第 1 版
印　　次：2023 年 7 月第 1 次印刷
定　　价：78.00 元

凡所购买电子工业出版社图书有缺损问题，请向购买书店调换。若书店售缺，
请与本社发行部联系，联系及邮购电话：（010）88254888，88258888。

质量投诉请发邮件至 zlts@phei.com.cn，盗版侵权举报请发邮件至 dbqq@phei.
com.cn。

本书咨询联系方式：bailan@phei.com.cn，（010）68250802。